U0164340

增訂版

孔子的
生活智慧

潘銘基 著

匯智出版

自序

　　孔子是距離我們二千五百多年的歷史人物，看似離我們很遠，有時卻又很近。近是因為我們都認識孔子這位偉大人物，在不同程度的學校課本裏，幾乎必定找到孔子的身影，《論語》是中小學的熱門教材之一。《論語》記載了孔門弟子的嘉言懿行，言簡意賅，至今仍然甚具影響力，在我們常用的成語裏，也有不少出自《論語》。除了《論語》以外，《孟子》、《禮記》、《史記》都記載了孔子的生平點滴，參考諸書，孔子的形象自可躍然紙上。《論語》成書時間距離孔子最近，所以它的資料應該最可靠，因此，本書內容主要根據《論語》為主，以諸書為佐。

　　我們認識的孔子是一位專論仁義的道德先生，高大的個子，斑白的髮鬚，一副失意落泊的模樣。大抵從孔子晚年開始，他的學生便很希望孔子成為聖人，自己便可以成為「聖人之徒」。這是為孔子樹聖的開始。到了漢代，統治者看準了儒家思想裏循名責實、君臣父子各安其位的理論，因而「獨尊儒術」，以便治國安邦。在此後二千年的歷史裏，孔子成為了唯一的權威，《論語》成為了經典。大家可能早已忘記了日常生活中的孔子，我們看見的孔子，已經失去了生命力，取而代之的則是用泥石塑造而成的孔子

像。其實，孔子也是普通人，有過着日常生活的時刻。在本書裏，我們希望跟孔子學習怎樣生活，看看這位大聖人的日常生活態度，如何可供今人借鑑。

　　本書共分四部分，分別從四個角度跟孔子學怎樣生活。**第一章是「學習是終身的目標」**。孔門弟子三千，受業身通者七十二人，孔門師生的生活，便是活動教學。孔子是教育家，為人好學，不恥下問，轉益多師，而又作育英才。今天，在知識型的社會裏，我們都將「好學」二字掛在嘴邊，回看孔子，方知孔子是如何的好學不已。**第二章是「家庭和諧之道」**。父慈子孝，兄友弟恭，看似老生常談，卻與我們至為相關。孔門儒家特別重視五倫，孔子多有談及「孝」和「悌」的問題，如能多加了解，必可令我們的家庭生活更見和諧。**第三章是「生活的藝術」**。儒道二家構成中國古代藝術的分野，其中儒家禮樂觀直接導致美善結合的審美觀。現代人日常生活節奏急促，多一板一眼，了無生氣；孔子活在二千五百年以前，將生活與藝術融為一體，態度正可供現代人滌蕩心靈。**第四章是「為人處世的學問」**。進退有時、忠恕有道、行事謹慎、處事靈活、關愛一切等，均是孔子為人處世的態度，如能以為楷模，必可為我們的日常生活指向導航。

　　《論語》文字雖然淺顯，但歷代注解、詮釋之書卻非常多。據吳廷環《論語研究》所考，中國歷代藝文總志共收錄九百二十四種、清人朱彝尊《經義考》收錄七百零八種。惟

注者雖多，卻因年代久遠，多有不存，據《中國古籍善本書目》尚存六十八種、《無求備齋論語集成》則有一百七十一種。不過，對於一般讀者而言，太多的注解恐怕令人頭痛不已，而且各家陳說各異，有時反而妨礙讀者對《論語》原文的理解。本書希望透過簡單的文字和生活化的解說，協助讀者解讀孔子的生活態度在現代社會的意義，嘗試帶引大家走進孔門世界，淨化現代煩囂的心靈。

本書引用《論語》白話翻譯主要據楊伯峻《論語譯注》、錢穆《論語新解》、潘重規《論語今注》及李零《喪家狗——我讀〈論語〉》。《孟子》白話翻譯根據楊伯峻《孟子譯注》，《禮記》白話翻譯根據楊天宇《禮記譯注》。書中引用《論語》、《孟子》原文以後，俱在引文後加上括號和數字，如（2.15）代表引文在楊伯峻《論語譯注》裏的章節編號，方便讀者檢索原書。

本人限於識力，於《論語》解讀部分多循己見，並多以故事形式出之，與傳統解說或異，望有德君子不吝賜正。

潘銘基

謹識

增訂版序

　　本書初版出版至今十年，蒙各方讀者鼎力支持，多次加印，可算是學界對普及傳統儒家文化的認同。十年是一段不短的時間，社會上也出現了不同程度的變化，增訂版除了改正部分文字以外，更補充了一篇題為〈孔子的人生抉擇在現代社會的意義〉的文章，這是在介紹孔子的生活智慧之餘，進一步闡釋其思想對現今社會的呼應。

潘銘基

2022 年 8 月

目 錄

第一章

學習是終身的目標

終身學習是現今社會人士不時掛在嘴邊的口號。中國古代有所謂「活到老，學到老」、「學海無涯」、「學無止境」等諺語。日本亦早有「修業一生」的觀念，信奉回教的國家則可以在《可蘭經》裏找到「人的學習應自出生至墓穴」的條文。古希臘的柏拉圖（Plato）就強調「終身追尋知識」。二十世紀初期，美國學者杜威（J. Dewey）提出教育和學習是終生歷程的說法。可見古今中外都有終身學習的觀念。今天，我們生活在資訊爆炸的年代，學習的終點根本並不存在。因此，「終身學習」便成為許多人的座右銘，也是許多大機構對員工的訓勉。孔子是中國古代首位提出「終身學習」的先哲，他出身於沒落貴族，少時生活刻苦貧賤，卻勇於學習，永不言倦。成年以後，又開平民講學之風，四方學子無分貴賤，孔子皆能教誨，可謂自學不厭，誨人不倦，並因而成為萬世師表，廣為後人敬重。

　　我們今天都有機會接受教育，在香港社會，政府提供普及化的十二年免費教育。只要努力學習，成績優異，完成大學教育也不是太困難的事。完成正規教育以後，香港政府又為廣大市民設置了「持續進修基金」，讓大家可以將學習之事持之以恒，貫徹終身。學習的除了是一般大學、中學、小學的授課內容外，我們今天還有不少另類的學習機會。舉例而言，如果我喜歡入廚，便可以報讀廚藝學院；喜歡演戲，可以報讀演藝學院；喜歡跳舞，可以報讀舞蹈學校。這可說是與我們的先輩一種全然不同的學習體驗。只要我們能夠找到自己的興趣，然後學而不厭，終身勉之，那麼，便是對孔門學說的一種實踐。

「學」的精神在實踐

孔子認為行動最實際，苦苦思量，不如付諸實踐，勤勉學習。以學為先，是孔門儒家的第一要緊事。

不知道大家有沒有這樣的經驗呢？做事的時候，心裏常想着甚麼細節是辦好這件事的關鍵；但思前想後，花上大半天的時間，也未必能夠得出一個絕對的答案。《論語‧衞靈公》引孔子說：

> 吾嘗終日不食，終夜不寢，以思，無益，不如學也。（15.31）

不睡不吃，從早到晚苦思一天，有時也是無補於事的。孔子認為行動最實際，苦苦思量，不如付諸實踐，勤勉學習。孔子不只一次強調學習之重要性，《論語‧為政》也記載着這句話語：

> 學而不思則罔，思而不學則殆。（2.15）

想而不做，只會教人愈益迷惘，距離目標愈來愈遠。除《論語》以外，其他古籍也有相近的記載。如《大戴禮記‧勸學》

引孔子説：

> 吾嘗終日思矣，不如須臾之所學。

戰國時代的荀子在《荀子・勸學》中的記載與《大戴禮記》相同。多做少説、少胡想，是儒家教化重要的一面。當然有人會認為這種想法會妨礙人類的創新思維，也會導致我們做事空餘一股蠻勁。不過，只想不做的問題不是更大嗎？很多人都擔心就業的問題，或時恐公司裁員，口裏因此常常有「持續進修」、「終身學習」的口號。然而，口號終歸是口號，要付諸實行才會接近成功。司馬遷在《史記・太史公自序》提及孔子寫《春秋》的時候，引述孔子説：

> 我欲載之空言，不如見之於行事之深切著明也。

孔子認為與其空談時勢，評論國家，不如將此等話語化為《春秋》，使空言變成實踐，讓後人可由此而鑑古知今。

《論語》共二十篇，據楊伯峻《論語譯注》所分，共有四百八十六章。其中開宗明義的便是〈學而篇〉，以下是其首章節：

> 子曰：「學而時習之，不亦説乎？有朋自遠方來，不亦樂乎？人不知，而不愠，不亦君子乎？」（1.1）

這是《論語》其中一段讓讀者耳熟能詳的話語，孔子認為學了之後，再按一定的時間去實習它，自然更感高興。倘有

志同道合者從遠處到來，也是教人快樂的事情。儒家重視人生內省的部分，因此以為人家不了解我，自己不怨恨，正是君子的表現。若以「學習」為重點而細看此文，可知學了之後還要把它好好把握，否則多學也是徒然。《論語》這麼多章節，以此章為首，是巧合還是有意為之呢？歷代學者的討論並無一致的看法。錢穆《論語新解》在「學而時習之」句下注解說：「孔子一生重在教，孔子之教重在學。孔子之教人以學，重在學為人之道。本篇各章，多務本之義，乃學者之先務，故《論語》編者列之全書之首。又以本章列本篇之首，實有深義。學者循此為學，時時反驗之於己心，可以自考其學之虛實淺深，而其進不能自已矣。」

　　錢穆提到「孔子一生重在教，孔子之教重在學」這句話十分重要。《論語》二十篇，第一篇就是〈學而〉，而這篇的第一章就是上文此條，這便可見儒家所推崇的正是這種「學」的精神。後來《荀子》的第一篇叫作〈勸學〉，《尸子》、《大戴禮記》、賈誼《新書》皆有〈勸學〉，揚雄《法言》首以〈學行〉，王符《潛夫論》則為〈讚學〉，《抱朴子》有〈勖學〉，顏之推《顏氏家訓》有〈勉學〉，這些都是儒家教化首重「學習」的明證。

　　當然，也有學者反對《論語》編排有深意的說法。例如李零便說：「《論語》各篇都是拈篇首語題篇，即用文章開頭的兩個字作題目，既無深意，也不反映內容。」（《喪家狗》，頁 51）

　　《論語》的編排究竟有沒有深意，我們今天難以得知。《論語》由孔門後學編纂而成，若說他們有意識地整理了老師的話語，相信也沒有太多人會反對這樣的看法。

「學」與「習」相輔相成

學生回校上課，老師傳授知識，「學」了；回家要加以溫「習」，學問才可以內化為自己的東西。

「學而時習之」五字，看似無甚特別，卻是知易行難。莘莘學子每天上學，聆聽老師教誨，回家以後，有將老師所授知識好好溫習嗎？單是「學」並不足夠，重要的是能「習」。學完新的事物，我們要溫習、實習、演習，如果只是「學」而不「習」，那麼很快便會變成過眼雲煙，轉瞬即逝。舉例而言，很多人都喜歡學習外語，看完日劇便嚷着要學日語，看完韓劇便要學韓文，然而卻只有三分鐘熱度。學習一種新的語言並不簡單，只「學」而不「習」，根本難以通曉，因為學習語言重在演練。有時候碰見一些語文老師，他們在暑假期間要開辦語言精讀班，在三星期內要教畢原來十三週才完成的課程。老師們說，他們教倒是沒有問題，但在學的角度，大部分學生根本不可能在三星期內吸收一個學期的知識，只能「學」而不能「習」，不過是囫圇吞棗。

現今中小學都流行用普通話教授中文科，這不失為一

件好事，但對於土生土長、母語是粵語的老師而言，以普通話教授中文實在是一大挑戰。因此，現在不少教育機構都舉辦了普通話的沉浸課程，顧名思義，這類課程是希望學員可以在普通話生活的環境裏學習普通話。學員遠赴內地的高等院校學習普通話，「學而時習之」，自必事半而功倍。可是，「沉浸」兩個月後，回到香港，每天耳濡目染的都是廣州話，普通話的語境沒有了，剩下來的也只是「學」而不「習」。

學生們「臨急抱佛腳」，考試前熬夜，出來的成績當然不會好到哪裏去。若能「學而時習之」，早日溫習，不就能解決問題嗎？「時習」即是隨時學習。舊注引《說文解字》以「習，鳥數飛也」作解說，潘重規《論語今注》認為「鳥雛稍長，欲飛未能，大鳥帶到低矮的樹枝間，引導小鳥上下左右頻頻的練習飛行，這樣就叫做習。學者讀書明理，隨時隨地將所學的研究實行，這樣就是時習。」這個解釋最為清楚明白。看過介紹雀鳥學習飛行的動物紀錄片的讀者，對潘氏的說法自然心領神會。

孔子認為君子有三種情況是不可以不考慮的，其中一項是：

> 少而不學，長無能也。
>
> ——《荀子·法行》

小時候不好好學習，長大了就沒有才能，這種憂慮古今皆

然。學生回校上課，老師傳授知識，「學」了；回家要加以溫「習」，學問才可以內化為自己的東西。「少壯不努力，老大徒傷悲」，古語確有其道理！

學習有甚麼重要呢？為甚麼儒家要將它列於首位呢？孔子曾自言：

> 吾十有五而志于學，三十而立，四十而不惑，五十而知天命，六十而耳順，七十而從心所欲，不踰矩。（2.4）

這是孔子人生不同歷程的寫照，而其中第一要事，便是「學」。可見孔子認為人要立身處世，首先要能夠「志于學」。

每年公開考試放榜，總是有人歡喜有人愁，能夠取得好成績，可以繼續升學，固然值得高興；反之，名落孫山，成績未如理想的，卻是愁眉深鎖，一派茫然。其實，考試成績只是代表了人生其中的一個小部分，更多的是其他各種的歷練。孔子的「志于學」也不是志於升學，而是指人生找到了目標，能夠對人生有所冀盼，可以有篤於事情的一刻。

時下年青人的問題也一樣，能否升學並非第一要事，最重要的是人生有沒有已確立的道路、有否為自己訂下目標。漫無目的地浪費光陰，比起任何情況都要可怕。孔子說「十有五而志于學」，十五歲便立志要做學問。我們十五歲的時候在做甚麼呢？未到十五歲的，大可計劃要幹一

番大事業；過了十五歲的，立刻「志于學」也不會太遲。
《論語》裏説的「四十、五十而無聞焉，斯亦不足畏也已」
（9.23），表面上針對人到中晚年而一事無成，實際上是鼓
勵我們要及早為學。

　　孔門首重在「學」，另一原因是由於「性相近也，習相
遠也」（17.2）。孔子認為人的性情本來相近，只是因為習染
不同，所以距離愈來愈遠。

　　孔子提出以學為首之説，因為經過學習，人可以為
善，這強調的是德性的培育，而非純知識性的教學，真正
明白「學」是甚麼，「習」為何物，才是明白儒家傳統文化的
開端。

時刻反思

如果我們能多作反思，回想過去，以前事為鑑，自然可以為後事作更好的準備。

傳統儒家思想強調的是德性的培養。有人說，中國傳統哲學的核心是道德哲學，喜歡討論人性的善惡，捨道德以外無他物。儒家重學，學的終極目標是甚麼呢？是成為君子。君子是甚麼人呢？就是有道德的人。「終身學習」是不少人的口號，有人不斷的拿到文憑、學位，可是都跟道德沒有丁點的關係。大概只是為了升職加薪罷了。孔子多次走訪衛國，認識一個名叫蘧伯玉的人。蘧伯玉是衛國賢德的人，《論語》記載了以下的一件事：

> 蘧伯玉使人於孔子。孔子與之坐而問焉，曰：「夫子何為？」對曰：「夫子欲寡其過而未能也。」使者出。子曰「使乎！使乎！」（14.25）

蘧伯玉派遣使者拜訪孔子。孔子讓使者坐下，然後問道：「先生最近在做甚麼？」使者回答說：「先生想要減少自己的錯誤，但未能做到。」使者走後，孔子說：「好一位使

者啊，好一位使者啊！」在這個故事裏，我們可見一個能言善道的使者，更可見蘧伯玉是一個時刻反省的人。《莊子‧則陽》說：「蘧伯玉行年六十而六十化，未嘗不始於是之而卒詘之以非也，未知今之所謂是之非五十九非也。」又《淮南子‧原道》說：「蘧伯玉年五十而有四十九年非。」根據這兩段文字，可知蘧伯玉多活一天，便會深刻反省昨天。

現代人生活節奏急促，我們時常強調做事要有計劃，要想好明天、後天，甚至是一兩年的大計；如果我們能多作反省，回想過去，以前事為鑑，自然可以為後事作更好的準備。每年伊始，很多人都會有新年大計，然後說自己今年要做甚麼做甚麼，結果呢？一年過後，只有原地踏步，絲毫未動。其實，我們未必可以好好的預計未來，但卻可以仔細的回看過去。例如不少人希望勒緊褲頭，節約用錢，少買一些東西，儲蓄多些金錢，但僅僅多喊幾句「省錢！節儉！」並不能真的省下多少金錢，也不見得會少買一些奢侈品。可是，倘若你翻開過去一年的賬戶紀錄，看看自己買了多少東西，哪些是日用品，哪些是奢侈品，哪些項目其實可以省下來；如此一算，你心裏便清楚，知道如何釐訂新一年的節約用錢大計了。

再想深一層，如果要像蘧伯玉般反省人生而為善人，我們便應將過去的嘉言懿行，以及穢行污言，悉數臚列眼前。孔子說：

見善如不及，見不善如探湯。（16.11）

能夠這樣做的人，自然可以知所去取，改過遷善。

好學不倦

孔子是一個怎樣的人呢？「學而不厭」是對他的最佳形容。「學而不厭」、「好學不倦」，正是孔子人生的座右銘。

「終身學習」並不容易做到。我們時常都會給孔子一些雅號，如哲學家、教育家、萬世師表、儒家始創人等，如果可供孔子選擇，他很有可能只會說自己是一個好學的人。孔子「十有五而志于學」（2.4）、「發憤忘食，樂以忘憂，不知老之將至」（7.19）、「學而不已，闔棺乃止」，[1] 一生努力追求學問。子貢曾經說：「夫子焉不學？而亦何常師之有？」（19.22）可見孔子學無常師。司馬遷《史記・孔子世家》便記載了孔子向師襄子學習鼓琴的故事：

> 孔子學鼓琴師襄子，十日不進。師襄子曰：「可以益矣。」孔子曰：「丘已習其曲矣，未得其數也。」有閒，曰：「已習其數，可以益矣。」孔子曰：「丘未得其

1 　語出《韓詩外傳》卷八第二十三章。

志也。」有閒，曰：「已習其志，可以益矣。」孔子曰：「丘未得其為人也。」有閒，有所穆然深思焉，有所怡然高望而遠志焉。曰：「丘得其為人，黯然而黑，幾然而長，眼如望羊，如王四國，非文王其誰能為此也！」師襄子辟席再拜，曰：「師蓋云《文王操》也。」

師襄子是魯國樂官，生活時代與孔子相若。孔子向師襄子學習彈琴，[2] 連續學了十天，也沒增學新曲。即使師襄子認為孔子可以學習新曲，孔子仍謂自己未有熟練地掌握彈琴的技法。又過了一段時間，師襄子認為孔子已了解彈琴的技法，應該可以學習新曲了；但孔子卻說自己還未領會到樂曲的意蘊，尚未可以學習新曲。後來，師襄子以孔子既得樂曲的意蘊，可以學習新曲了；但孔子卻認為尚未體會出作曲者是怎樣的一個人。過了一會兒，孔子蕭穆沉靜地深思，接着又顯露出志向遠大的樣子；原來，孔子終於能夠體會到作曲者是周文王。

由學習彈琴進而推斷誰是作曲者，可見孔子學而不倦，令師襄子敬佩不已。孔子隨師襄子學琴的故事，又見《孔子家語‧辨樂解》、《韓詩外傳》卷五、《淮南子‧主術》等典籍。在這個故事裏，孔子對學習之事非常嚴謹，一絲

2　這裏的琴即是古琴，是中國最古老的彈撥樂器之一，在《詩經》裏已嘗提及。古琴屬於八音中的絲，或絃樂器族內的彈撥弦鳴樂器。古琴音域寬廣，音色沉深，餘音嫋嫋，極具傳統中國文化的特色。

不苟，令老師也十分佩服。

不少人視學習樂器演奏是一種陶冶性情的方法，父母甚至為子女報讀多種樂器學習班，務使子女可以成為出類拔萃的音樂家。望子成龍本來無可厚非，但這種想法似乎和學習樂器的原意有所出入。香港不少中學都要求學生要學習一種樂器演奏，不管是小提琴、中提琴、大提琴、低音大提琴，或是大號、小號、巴松管、長笛、短笛，這種要求本來是善意的，學生在學習樂器演奏以後，的確可以陶冶性情。但這些需要極大動機及努力以完成的學習，在演變成為強迫、非去不可的情況下，還會出現孔子那種「穆然深思」、「怡然高望」的熱切追求嗎？能夠像孔子般好學不倦，在學習起始時的動機實在非常重要；而這一點，卻又多被傳統文化所忽略。

在科舉取士的年代，讀書人學習的動機最簡單不過，那時所有人只有一個老闆，因為所有讀書人的目標都是當「公務員」，只能夠為政府效命。所謂「書中自有黃金屋，書中自有顏如玉」，讀書、科舉、金錢結合成千絲萬縷的關係，學習動機由此而生。時移世易，到了今天，我們早已沒有科舉取士的制度，但「科舉」卻仍然存在。在新高中學制的變革之下，學生沒有了中學會考，沒有了高級程度會考，取而代之的是「香港中學文憑考試」。以後，莘莘學子都會為了這個考試而讀書，希望考取好成績。這不就是科舉陰魂不散的呈現嗎？結果，學習的起始動機還是為了考

試，考試文化支配了我們的學習。

　　孔子是一個不恥下問、非常好學的人，這是他廣為後人景仰的原因之一。「好」與「學」同樣困難，「好學」是難上加難。父母都擔心子女不好學，其實「學」甚麼東西並不是最重要，反而是有沒有「好」的意願更重要。這當作何解呢？我在教學過程中，碰見不少十多二十歲的青少年，其中有「第一組別」（band 1）的中學生，有成績優異的大學本科生，他們讀書求學沒有問題，跟他們閒聊的時候，卻發覺他們的課外知識相當貧乏，除了讀書以外甚麼也不「好」。愛好課堂裏的學習當然重要，但青年人的好學絕不應止於此。很多父母覺得子女愛玩遊戲機、砌模型、聽流行曲等都不好，但試想想，如果你的子女除了讀書以外連一種嗜好都沒有，沒有「好」的對象，這種情況才最可怖。話說回來，「好學」的「好」有甚麼好處呢？「好」其實代表了我們對一樣事物的專心、投入，做事的一股熱情、一團火。父母如能培養子女多方面的興趣，其實比起單一的努力讀書求學好得多。

向別人學習

隨時隨地找到可以師事的人，實在是孔子成功的要素。詩聖杜甫也說：「轉益多師是汝師。」明言多向別人學習，才是成功的關鍵。

我們很多時候會引用孔子的一句話：

道不同，不相為謀。（15.40）

原意是指主張不同，便不互相商議。儒家和道家，在後世的眼中，彷彿各走一端，相去甚遠，其實不然。上世紀的出土文獻告訴我們，儒、道之初相去不遠，只是後學者逐漸黨同伐異，才有《道德經》裏「絕仁棄義」的思想。但無論儒家和道家相異之處是多是少，孔子與老子的相會似乎確曾出現，即使二人的主張有多大的不同，也是可以互相包容的。《莊子》記載了孔子與老子數次見面的對話，[1] 或許未必可信，但《史記‧孔子世家》記載了孔子求教於老子的

---

1 《莊子‧知北遊》、〈天運〉、〈大宗師〉等俱有孔子與老子對話的記載。此外，《禮記‧曾子問》、《韓詩外傳》、《孔子家語‧觀周》等亦有孔子與老子對話的記載。

經過，卻為人所津津樂道。《史記・孔子世家》云：

> 魯南宮敬叔言魯君曰：「請與孔子適周。」魯君與之一乘車，兩馬，一豎子俱，適周問禮，蓋見老子云。辭去，而老子送之曰：「吾聞富貴者送人以財，仁人者送人以言。吾不能富貴，竊仁人之號，送子以言，曰：『聰明深察而近於死者，好議人者也。博辯廣大危其身者，發人之惡者也。為人子者毋以有己，為人臣者毋以有己。』」

孔子的好學是多方面的。這次孔子赴周，與老子相見。孔子告辭之時，老子臨別贈言說：「我聽說富貴之人用財物來送人，仁義之人用言語來送人。我不能富貴，只好盜用仁人的名義，用言語來送你，這幾句話是：『聰慧明白洞察一切反而瀕臨死亡，此因喜好議論他人。博洽善辯寬廣弘大反而危及其身，此因揭發別人的醜惡。為人兒子的就不要有自己，為人臣子的就不要有自己。』」老子對孔子這段告誡的話語，自然是饒富深意，簡言之，是無為的人對有為的人說的話。在老子眼中，孔子有為於世，卻可能會招殺身之禍，因而認為孔子不應汲汲於世。了解孔子生平事迹的人，大抵都知道孔子並沒有聽從老子的說話，他以後仍然是「知其不可而為之」（14.38）。孔子和老子二人，道雖不同，但孔子仍虛心學習，善於聆聽，是難能可貴的表現，也實在值得我們學習。

　　除了《史記》所載的兩個故事以外，孔子還曾經師事郯子、萇弘。《左傳·昭公十七年》載昭公在郯子朝魯時設宴款待，席間昭公問及少昊氏以鳥名官之事，郯子隨即引經據典，以古喻今，令在座百官佩服萬分。孔子知道此事後便求學於郯子。這亦是韓愈《師說》中「孔子師郯子」的根據。另外，《孔子家語·觀周》記載了「訪樂於萇弘」之事。萇弘是東周時蜀人，通曉天文、曆數、音律、樂理。孔子曾向萇弘請教音律之事。孔子說：

　　　　三人行，必有我師焉。（7.22）

　　隨時隨地找到可以師事的人，實在是孔子成功的要素。詩聖杜甫也說：「轉益多師是汝師。」（〈戲為六絕句〉六首之六）明言多向別人學習，才是成功的關鍵。

學會發問

孔子好學的第一步是發問。隨著年紀漸長，發問跟我們的距離卻是愈來愈遠。尋根究底，學生之寡言罕問，與長久以來建立的教育制度有莫大關係。

好學的人都有一個最基本的條件，便是會發問。不會發問的人，難言好學。《論語》記載了一次孔子在太廟裏發問的經過：

> 子入太廟，每事問。或曰：「孰謂鄹人之子知禮乎？入太廟，每事問。」子聞之，曰：「是禮也。」（3.15）

因為魯人是周公之後，所以這裏說的太廟指的是周公廟。孔子到了周公廟，甚麼事情都發問。有人便說：「誰說叔梁紇的兒子懂得禮呢？他到了太廟，每件事都要向別人請教。」孔子聽到了這話，便說：「這正是禮呀。」有人以為愛問問題的人沒有禮貌，但孔子的回答，指出愛發問才是禮的表現。偉大的人物都愛發問，《路加福音》第二章記載了還是孩童的耶穌在耶路撒冷與父母失散，三天後，卻發現

他在聖殿裏，坐在教師中間，一面聽，一面問。孔子、耶穌都愛發問，可見發問正是古今中外偉人的成功要素。

有人説，愛好研究的人，都應該知道研究有兩個基本步驟，第一是發現問題，第二是解決問題。問題是否可以解決，不得而知，如果未有發現任何問題，那麼，連基本的研究機會也沒有。這句説話非常有道理。發現問題的其中一種方法便是發問。

有一位在外國教學多年的大學教授説，中國學生和西方學生的發問方式很不同，中國學生即使問一個小問題，往往怯於舉手，逃避老師的目光，如果真的問起問題來，那個問題倒是石破天驚的。至於西方學生，則甚麼都問，課堂上氣氛活潑，但問題的質量倒不是每次都很高。當然，這裏並不是質與量的比較，卻可以發現中西文化的差異——中國人的內斂，西方人的外向，二者於此表露無遺。可是，我們再想深一層，這真的是「內斂」和「外向」的緣故嗎？帶着兒子上幼兒遊戲班的時候，看見每個小朋友都活潑非常，眾聲喧嘩，對老師的提問都深感興趣。有人説，人在無知時最願意表達，當學識與日俱長之時，人自然會變得內斂、不願表達，深恐自己發表了不成熟的見解。但這是問題的癥結嗎？幼稚園學生比起小學生活潑，小學生比起中學生活潑，中學生又比大學生活潑，隨着年紀漸長，學生在課堂上愈來愈不愛發問，變得沉默寡言，只會接受，不愛表達。這就知識的增長而言，並不是一件好事。

　　孔子好學的第一步是發問。隨着年紀漸長，發問跟我們的距離卻是愈來愈遠。尋根究底，學生之寡言罕問，與長久以來建立的教育制度有莫大關係。

思而不學則殆

　　學生不願發問，最令為人師表者感到頭痛。經常聽到老師們私下討論：「學生為甚麼沒有問題呢？」專家認為：發現問題是思維活動中最重要的環節，膚淺和被動正是思維裏沒有問題的結果。老師授課，學生上課，當學生發現問題時，腦部才算是真的在進行思考活動。因此，好的老師，授課時都會想盡辦法，希望班中同學可以踴躍發問。孔子說：

　　　　學而不思則罔，思而不學則殆。（2.15）

　　發現問題是學習過程中的思維活動。所以，當準老師要成為老師的時候，其中一項測試便是督學觀課。我們做學生時都有這樣的經驗：每年到了某些時候，總會有些二十出頭的年輕實習老師來到教室之中，戰戰兢兢地教授課文、進行課堂練習。過了不久，教室裏又多了一位督學觀課，評價該老師的表現。實習教學的時候，特別重視課堂中的互動；簡言之，學生究竟有沒有「反應」。有「反應」的，指學生會答問題、會發問，這樣的課堂才算是理想。激發學生發問便成為老師的一大要務。有時看到老師設

計的課堂教案，總會包括學生反應的一部分，教學是一個
互動的過程，教者與受者之間若能有所交流，自能教學相
長。老師總是希望在教學過程之中，學生可以多有反應，
不要呆若木雞。學生的冷漠，也會令到老師的教學熱情冷
卻下來，這樣的惡性循環，只會令課堂氣氛更加糟糕。

不恥下問

　　孔子為人謙虛好學，凡是能夠啟發他的人，即使是小
孩子，也會甘拜為師。《戰國策·秦策五》便記載了「項橐
生七歲而為孔子師」的事迹。這個傳說到了敦煌變文裏更演
化成為《孔子項橐相問書》[1]的故事。到了南宋，王應麟編
《三字經》勸諸後生說：「昔仲尼，師項橐，古聖賢，尚勤
學。」綜合文獻裏有關項橐的記載，項橐是春秋時代魯國的
一個七歲小孩，曾經三難孔子，孔子最後非常敬佩這個七
歲的孩子，並向項橐行禮。項橐憑着甚麼可以成為孔子的
老師已經不重要，重要的反而是孔子好學和不恥下問的精
神。因此，《論語》提及孔文子時，孔子也曾稱許他：

　　　　敏而好學，不恥下問。（5.15）

這不單是對孔文子的評價，也是孔子自己的最佳寫照。

1　這個故事記載在《敦煌變文集》卷三《孔子項橐相問書》。

玩物不一定喪志

學習是為了快樂，如果我們可以做到在「好」學以外，更加能夠「樂」在其中，細意品味學習的歡欣快樂，「玩物」也未必「喪志」，甚至可以「養志」。

專心、投入是成功的關鍵，但我們還不時聽到另一個具體內容或許相近，實際意義卻大相逕庭的詞語——「玩物喪志」。

好學的人，求學問時認真、專心、投入，如果子女將同樣的態度放在玩樂之上，不少父母可能會隨即表示反對。舉例而言，不少父母都不喜歡子女花太多時間在電子遊戲之上，更不時出現一些因為電子遊戲而起爭執的新聞。在台灣基隆，甚至有一名婦人因酒醉昏倒房間，後腦撞及櫥櫃躺在地上不省人事，與她同房的兒子卻因沉迷電腦遊戲而毫不知情；直到兩小時後，當他打完遊戲才發覺母親昏倒身旁，其母送院後證實不治。而這個兒子在記者到他家中採訪之時，居然還在玩電腦遊戲，對母親死亡一事完全不以為意，目光一直盯着電腦屏幕不肯離開。這不是「玩物喪志」還可以用甚麼言語來形容呢？

不過，「玩物」不一定會「喪志」，如果我們可以好好利用所「玩」的「物」，有時也可以有出人頭地的一日。曾經有台灣的電玩商來到香港，發掘香港「打機」人才，培訓成為市場策劃及電玩競技專員，即「專業打機手」，月薪可達一萬二千元，而且不限工作經驗或學歷。這對終日沉迷打機的青少年而言，實在非常吸引。我們再打開報章，在招聘專頁內經常發現一些「遊戲測試員」的職位，此乃因為網絡遊戲的流行而衍生的新職業。能夠將打機的技巧變成事業，是另類的學以致用。

由此看來，「行行出狀元」這句老掉了牙的說話似乎仍然沒錯。大抵青少年只要保持着「讀書時讀書，遊戲時遊戲」的態度，做甚麼事時都專心致志，成功自然指日可待。孔子說：

> 知之者不如好之者，好之者不如樂之者。（6.20）

學習是為了快樂，孔子這句說話非常重要。如果我們可以做到在「好」學以外，更加能夠「樂」在其中，細意品味學習的歡欣快樂，「玩物」也未必「喪志」。

「玩物」不但不一定「喪志」，甚至可以「養志」。對事物的愛好，可以從多方面成就大事業、大學問。香港文化博物館在 2006 年便曾經舉辦一個名為「玩物養志」的展覽。這個展覽精選了陳幼堅、古正言、梁冠明及朱傑榮四位先生別具特色的收藏，展品約一千件，包括中國外銷銀器、

名片盒、大蕭條時代的玻璃製品及中國古代頭飾。此等藏品讓參觀者分享到收藏者獨特的品味及其蒐集和探索過程中的愉悅。

「玩物養志」一語更令人想起中國著名文物收藏家、鑑賞家王世襄先生。王世襄興趣廣泛，喜愛古詩詞，曾從事繪畫、家具、髹漆、竹刻、傳統工藝、民間遊藝等多方面的研究，而且均有論述。在文化界，更有「中國第一玩家」的稱號。王世襄尤其喜愛蒐集明式家具，保存八九十件，在世界上是數一數二的高質量收藏，後來更撰成《明式家具研究》一書，堪稱明代家具研究的不朽鉅著。另一種令王世襄終生着迷的事物是鴿子，他更著有多部關於鴿子研究的專著。

我們不必每個人都研究鴿子，也不必每個人都以王世襄為偶像，不過，他的專心致志，學有所專，卻非常值得我們借鏡。現代人生活節奏急促，做事往往只有三分鐘熱度，而且世事繁多，未必令人有專心的機會。但是，如每個人都能有自己專心致志的方向，認真、投入做好自己的本分，「玩物」也是可以「養志」的。

後天努力很重要

孔子從來不以為自己的學問是與生俱來的，並特別強調後天的努力和學習。

　　孔子十分重視後天的努力，這跟他自己的身世有莫大關係。孔子父親叔梁紇和母親顏氏的結合，《史記·孔子世家》已稱之為「野合」。[1] 孔子自己也說：

　　　　吾少也賤，故多能鄙事。（9.6）

這裏的「賤」，指的是社會地位低微，與父母「野合」生之有關。據《孟子·萬章下》記載，孔子曾經當過諸如「乘田」、「委吏」一類的小官。「乘田」負責管理牲畜，「委吏」則是管理倉庫的小吏。可見孔子的仕途並非一帆風順，而是從卑微的職位開始。孔子之成功乃在於後天的努力，所謂「富不

1　有關「野合」的解說，眾說紛紜。唐代司馬貞的注解最為明確可信，他說：「蓋謂梁紇老而徵在少，非當壯室初笄之禮，故云野合，謂不合禮儀。」根據司馬貞的說法，《史記·孔子世家》所謂「野合」，乃指叔梁紇年紀大，而顏徵在（孔子母親顏氏，有謂姓顏名徵在）年紀小，二人年紀相差太遠，不符合禮儀，故云野合。

過三代」，畢竟含着金鑰匙出世的人並不多，不少成功人士都憑藉自己不屈不撓的精神，堅忍的毅力，最後才取得成功。

例如美國第十六任總統林肯（Abraham Lincoln），其父母都是沒有受過教育的農民，林肯則僅曾接受過十八個月的非正規教育，年輕時嘗十一次被僱主辭退，又經歷過兩次生意失敗。不過，林肯後來卻成為了共和黨的首位總統，並廢除了南方各州的奴隸制度，是美國歷史上一名頗受讚揚的總統。

又如阿根廷總統貝隆（Juan Domingo Perón）的第三位夫人伊莎貝爾（Isabel Martínez de Perón）是世界歷史上第一位女總統，但她出身卑微，原為塞萬提斯國家芭蕾舞劇團演員，1974 年，其夫貝隆病逝，由她接任總統職務，當時年僅 43 歲。

這些偉大人物的成功，並非天賦而來，倚靠的都是後天的努力。在人群之中，成為偉人的畢竟只佔極少數，但既然天賦的東西我們都不能改變，何不努力當下，面向將來呢？努力不一定會成功，但不努力的話，肯定沒有成功的機會。

孔子從來不以為自己的學問是與生俱來的，並特別強調後天的努力和學習。他在《論語》裏提及以下的四類人：

> 孔子曰：「生而知之者上也，學而知之者次也；困而學之，又其次也；困而不學，民斯為下矣。」（16.9）

孔子提到四類人：第一類是「生而知之者」，第二類是「學而知之者」，第三類是「困而學之」，第四類則是「困而不學」。如要孔子自行挑選，他一定會認為自己是「學而知之」一類。

「生而知之」，是甚麼都通曉、智慧源於天賦的人，在孔子心目中，大抵堯、舜、周公便是這一類人，這是天生的偉大人物。孔門特重學習，如果孔子必以堯、舜、周公等生而知之者為學習對象，那麼儒家教化未免難於施行。然而，孔子表明：

> 我非生而知之者，好古，敏以求之者也。（7.20）

他認為自己只是「學而知之者」，倘若人們能像孔子般努力追求學問，成功也是在望的。

我們釐訂自己的人生目標，也要知所去取，不必作無謂的白日夢。小時候，中文科總會有一道叫「我的理想」的作文題目，小朋友「目光遠大」，通常會以成專業人士作為自己的理想，例如醫生、律師、工程師、教師等。在長大的過程中，我們才會一步一步邁向自己真正的理想，這時或許更會醒覺，兒時的理想原來只是夢想。我覺得人應該有夢想，夢想不一定成真，但可以成為生活的動力。我們不可能夢想成為「生而知之」的人，應該努力學習，成為一個「學而知之」的人。

再細看這四類人，其實可以找到自己的影子。「生而知

之」的，是資優的，是天才，是偉人，只佔極少數。

「學而知之」的，是一些善於學習的人。在學校裏，「學而知之」的應該是那些勤奮學習的學生，他們會利用自己的刻苦努力以彌補天分的不足。

「困而學之」也不是太差，最低限度願意學習。舉例而言，面對社會的轉型，不少低學識、年紀大的工人都面臨失業，如要突破此等困境，他們可以報讀一些職業再培訓的課程，充實自己，雖曰困而學之，但總比坐以待斃來得好。

在前述的四種情況中，「困而不學」的即使孔子也難以施教，所以他說：「民斯為下矣。」

訂立目標，堅持不懈

學習要知所進退，要明白學習的門徑，開始時必定要認清難易，先易後難，不要胡亂踏步。

孔子是教育家，除了自己好學，更加勉人為學。勉人為學，自當訂立適切的目標，有了目標以後，學生才可朝着目標努力。適切的目標其實相當重要，孔門教學尤重身教，是以孔子表明自己是「學而知之」，他說：

> 我非生而知之者，好古，敏以求之者也。（7.20）

其實，學習要知所進退，要明白學習的門徑，開始時必定要認清難易，先易後難，不要胡亂踏步。我們訂立人生目標時，也要明白目標適切的重要性，做起事來也自必事半功倍。目標過於偉大，夢想只能變成幻想。在人生的不同階段訂立不同的目標，一步一步向着目標邁進，成功自然在望。

堅持不懈

　　孔子是萬世師表，很多人認為他一定是那種板起臉來教誨學生的人，其實不然。只要想想孔門三千弟子之中，子路只比夫子小十歲，卻跟隨夫子數十年；子張比夫子小四十八歲，卻仍追隨夫子周遊列國。由此可見，孔子大抵不是一個沉悶的人，他的教學應該充滿啟發與樂趣。孔子曾用比喻說明求學需要堅持，《論語》說：

　　　　子曰：「譬如為山，未成一簣，止，吾止也。譬如平地，雖覆一簣，進，吾往也。」（9.19）

孔子認為學習就好比堆土成山，只要再加一筐土便成山了，如果懶得做下去，這是我自己停止的。學習又好比在平地上堆土成山，縱是剛剛倒下一筐土，如果決心努力前進，還是要自己堅持啊！

　　在這個比喻中，孔子以堆土成山為例，指出即使已經累積若干泥土，但卻不持之以恒，中途而廢，則只有失敗。反之，能否堆土成山，關鍵在於自己有否堅持，若能堅持，方有成功的可能。

　　孔子勸勉弟子遇事應當堅持，假如缺少了一份堅持，甚麼事情都做不好。放諸今天，我們有時候長嗟短歎，以為自己的工作沒有前途，工作時間長，加班沒有津貼，甚麼福利都沒有，卻羨慕別人薪高糧準，前程錦繡。我們只看見別人風光的一面，卻不見人家努力不懈的一刻。所

謂「多勞多得」、「行行出狀元」，倘若可以多加堅持，敬業樂業，機會雖並非常常出現，但總是在等待努力的人。僥倖成功而能守業的人很少，我們只有努力堅持，不輕易言棄，才會有成功的機會。只要訂立了目標，便應以此奮發圖強，不要半途而廢。

知其不可而為之

「堅持」在不少時候是做事成功與否的關鍵，孔子一生便非常堅持自己的信念。《論語》記載説：

> 子路宿於石門。晨門曰：「奚自？」子路曰：「自孔氏。」曰：「是知其不可而為之者與？」（14.38）

石門是魯國都城的外門，晨門是早上看守城門的人。在這段故事裏，子路夜宿於石門，守門的人問他從哪裏來。子路是孔子學生，所以説「從孔子那裏來」。守門的人便説：「是不是那個知其不可而為之的人？」孔子是一個「知其不可而為之」的人，這句説話似乎充滿着謬誤的邏輯，既然知不可為，何以仍然為之呢？這需要的正是「堅持」。

孔子生時，禮崩樂壞，孔子希望可以恢復周禮，拯救當時的社會。所以，他每到一個國家，都希望該國的諸侯可以用其治國理念，可惜最終並不成功。其實，活在一個爾虞我詐、寸土必爭的時代，卻提倡恢復周禮，以仁義治國的思想，本身已沒有成功的可能。但孔子憑着自己的一

份堅持，勉力為之，雖然最終未為時君重用，其「知其不可而為之」的精神卻永垂不朽。我們未必有孔子這種層次的堅持，但做任何事時如果可以多加堅持，不輕易言棄，也未嘗不是好事。

朋輩對學習影響大

看見嘉言善行，我們應該努力與之看齊；看見不好的人和事，我們更要深切反省，看看自己有沒有此等言行。

人是群體的動物，因此會受到朋輩影響。《論語》引孔子說：

見賢思齊焉，見不賢而內自省也。（4.17）

看見嘉言善行，我們應該努力與之看齊；看見不好的人和事，我們更要深切反省，看看自己有沒有此等言行。在儒家五倫之中，朋友一倫最為奇妙。父子、兄弟，與生俱來，無可改變；夫婦一倫，合二姓之好，延續人類生命；君臣關係，今日名亡實存；朋友一倫，超脫乎利害，將兩個毫不認識的人結合一起，有時候比起以上四種關係更能入乎人心。

年青人愛結交朋友，但與友人相處之際，有沒有想過「見賢思齊」和「見不賢內自省」這兩種情況呢？當然，這又牽涉年青人的價值觀，甚麼是嘉言善行，甚麼是惡言劣

行，必須有正確的價值觀，我們才可以分辨「賢」與「不賢」。

《論語》引孔子說：

無友不如己者。（1.8）

其實也是對「賢」的追求。孔子勉人為學，如能「見賢思齊」，自必為學日益，日臻至善；「見不賢內自省」，亦如一面鏡子，看看自己為學之缺失，竭力改正，希望重回學習正軌。

我們時常都看到政府的宣傳廣告，希望年青人不要行差踏錯，不要吸食軟性毒品。如果年青人可以「見不賢而內自省」的話，自然可以判別吸食毒品的壞處，不為身旁的壞朋友所引誘。

事實上，在個人成長過程中，朋輩的影響無孔不入。舉例而言，不少年青人都愛穿著名牌服飾，在不少組織的調查之中，顯示朋輩影響是年青人購買名牌的主要原因。青少年非常重視友誼，朋輩之間年紀相若，大多數更是同學，彼此見面的機會極多，朋輩之間亦因此互相比較。在這種朋輩的關係下，為了表示自己是圈中一分子，年青人往往跟隨購買某個品牌。

除了沉迷毒品和購買名牌外，朋輩影響也是年青人沉迷賭博的主因。根據調查發現，不少中學生曾在一年之內參與以金錢作籌碼的賭博活動，其中不少是受朋輩所影響，再加上缺乏自我控制能力，最後導致泥足深陷，不能

自拔。

　　每個人都會有朋友，朋友的影響力也十分大，「見賢思齊」和「見不賢而內自省」這兩句話實在值得我們深思。

第二章

家庭和諧之道

現今的香港社會，有關家庭暴力的新聞可謂無日無之，或父子爭執，或兄弟相拗，初則口角，繼而動武，視親人如同仇敵。這當然都是極端的情況，但家人之間有欠溝通，以致家庭生活非常冷漠，在社會之中並不罕見。香港是中國人的社會，儒家文化在中國人的社會裏極為重要，而儒家文化正正建立在五倫的關係上。五倫即君臣、父子、兄弟、夫婦、朋友五種關係。君臣關係今日已改變了存在模式，此處不論。朋友是後天的相知相交，後文再談。夫婦一倫在自由戀愛的今天，也純然是後天的交往所致。然而，父子、兄弟之倫卻是與生俱來，不可改變的。朋友交惡，或許可以絕交；夫妻感情有異，也可考慮離婚。但父子、兄弟即使如何齟齬不休，我們都無法改變彼此的關係。孔子曾經多次談及孝道，家庭和諧在孔門學說裏亦多番得以呈現。

父慈子孝、兄友弟恭、夫妻相敬如賓、朋友使之以義，都是儒家所提倡的。《論語》裏曾有一段故事：齊景公向孔子問為政之道。孔子說：「君君，臣臣，父父，子子。」（12.11）齊景公聽了之後，非常欣賞孔子的答案，以為父子君臣倘若不安其位，即使糧食再多，為君主的仍然食不安寢。傳統家庭正是倚靠倫理關係維繫，而社會和諧正是家庭和諧的反映。所謂修身、齊家、治國、平天下，假若沒有「齊家」，自不會發展成為「治國、平天下」，因此儒家十分重視家庭倫理關係。這裏的「父父」和「子子」，意指做父親的要像父親，當子女的要像子女，代表的便是父慈子孝。人與人之間甚麼關係都可以改變，唯獨父母兄弟與我們的關係與生俱來，永不改變。有些人

説，父母與子女能夠走在一起，其實也是一場緣分，既是緣分，我們要更加珍惜眼前人。

除了「孝」以外，孔門儒家也強調「悌」，甚或「孝悌」連言。孝指的是子女孝順父母，悌指的是兄友弟恭。人都有父母，但現今社會的人未必都有兄弟姐妹。《論語》曾經記載孔子弟子司馬牛的一段話：

> 司馬牛憂曰：「人皆有兄弟，我獨亡。」子夏曰：「商聞之矣：死生有命，富貴在天。君子敬而無失，與人恭而有禮。四海之內，皆兄弟也──君子何患乎無兄弟也？」（12.5）

這裏的司馬牛相當慨歎自己沒有兄弟，然後另一孔門學生子夏（卜商，字子夏）安慰他，以為四海之內皆兄弟。司馬牛沒有兄弟的慨歎在古代頗為罕見，古代中國為以農立國的社會，生育率極高，家人之中有兄弟姐妹極為普遍。但現代中國，不少家庭只有一個孩子，獨生子女為社會帶來了不少問題；此外，獨生子女的下一代，代表着傳統叔伯姑表等親屬關係將逐漸消失，孔門裏「孝悌」的「悌」自然不會再出現，我們的情況比起司馬牛更嚴峻，司馬牛是「人皆有兄弟，我獨亡」，我們則是人我皆無兄弟。我時常在想，現代社會很多生活細節都是古人未曾想像的，沒有親兄弟的生活可真的令古人大吃一驚。其實，人口增加與否只是表象，真正令人擔心的是種種親戚關係消失的可怕。兄弟姐妹其實是最佳的兒時玩伴，也是青少年成長期間遇上種種難題的最佳傾訴對象，假若人人都是獨生子，不單在五倫裏沒有了「悌」，而且更衍生出許多問題。例

如獨生子終日呆在家中「打機」上網，遇上問題只能訴諸濫藥，性格變得傲慢、孤僻、沉默、寡言、自大或自閉，不善與人溝通……

孔門學說以仁為先，仁是甚麼呢？如前文所言，孔子是教育家，因此他為仁的執行下了一個具體的注腳，《論語》說「孝悌為仁之本」。可見孔門學說，始於孝與悌，即父子兄弟的關係。今日社會家庭紛爭不息，家人關係疏離，下文旨在看看孔子如何看待家人的關係，希望能為現代家庭和諧之道帶來啟發。

善事父母

要成為志士仁人並不容易，可是能從侍奉父母出發，恭敬孝順，也不失為仁道之始。

中國的孝文化影響深遠，時至今天，子女是否孝順仍然是父母相當關心的問題。中國古代有二十四孝的故事，故事裏的主角都盡孝事親，並因此贏得孝子的美名。二十四孝是民間的故事，成書於元代，相傳由郭居敬編著，以詩體述說二十四名孝子的故事，宣揚孝德，為古時兒童啟蒙讀本。這二十四則故事包括：

大舜孝感動天	漢文帝親嘗湯藥	周曾參嚙指心痛
周閔損單衣順母	周仲由為親負米	周郯子鹿乳奉母
周老萊子戲彩娛親	漢董永賣身葬父	漢郭巨為母埋兒
漢姜詩湧泉躍鯉	漢蔡順拾葚供親	漢丁蘭刻木事親
後漢陸績懷橘遺親	後漢江革行傭供親	後漢黃香扇枕溫衾
魏王裒聞雷泣墓	晉吳猛恣蚊飽血	晉王祥臥冰求鯉
晉楊香扼虎救父	晉孟宗哭竹生筍	南齊庾黔婁嘗糞心憂
唐夫人乳姑不怠	宋朱壽昌棄官尋母	宋黃庭堅親滌溺器

　　二十四則故事中有二十四個孝子，從傳說時代的虞舜，到北宋的黃庭堅，可見孝文化一直貫穿中國人的內心，是中國文化重要的一環。到了今天，我們仍然認識二十四孝的故事，也明白孝的重要性；然而，在傳統禮儀文化逐漸形式化的今天，「孝」似乎在質量上都有了轉變，而且更多了一些口頭上、形式上的「孝」。舉例而言，我們看見報章上的訃聞，通常會發現有「孝子」、「孝女」之列，然後便列出剛去世先人的子女的名字，接着是「孝媳」、「孝孫」等一系列的親屬。訃聞裏的人高聲疾呼自己的「孝」，顯得驕傲自大，毫不謙遜。這只是形式化的「孝」而已。大體而言，稱別人為孝子是可以的，可是自稱孝子的話，總給人奇怪的感覺。因此，傳統的訃聞會用「不肖子」、「不孝子」等自稱，今人不明所以，才將「不孝子」改為「孝子」。

　　我們應該如何侍奉父母呢？父母未必期望我們會報答養育之恩，尤其是在今天，「養兒防老」的觀念早已煙消雲散，但為人子女者，卻應無時無刻都惦記着父母辛勞養育之恩，否則，當父母離開我們以後，在靈堂上看見「劬勞未報」四字，這時便真的是追悔莫及了。

　　事實上，父母對子女的關心是無微不至的，例如父母總喜歡知道子女的動向，《論語》引孔子説：

　　　　父母在，不遠遊，遊必有方。（4.19）

此句指父母在世之時，兒女不出遠門，如果要出遠門的

話，必須有一定的去處。古代交通不便，出門外遊所花時
間動輒數月以至數年，文學作品裏便有遊子思歸、居人念
遠一類。所謂「養兒一百歲，長憂九十九」，《論語》此處
反映的也是這種意思。孔子並非不贊同父母在世時兒女遠
遊，而是強調「遊必有方」。父母如果知道兒女遠遊之去
處，父母是不會反對他們外遊的。

　　每個人都有父母，年輕時跟父母一起在家的日子，父
母是必然存在的，我們也不為以甚，以為父母的存在是理
所當然的。讀書的年代，遲了回家，父母自然大發雷霆，
因為我們沒有告訴他們去了甚麼地方；長大以後，成家立
室，搬離與父母同住之所，通電話的機會也少了，父母有
時可能會抱怨「不知你去了甚麼地方」。所以，「遊必有方」
很重要，至少要讓父母知道你在哪裏，讓他們可以安心。

牢記父母的生日

父母的生日是哪一天呢？這問題看似非常簡單，原來也可以難倒不少人。

《孝經·開宗明義章》引孔子說：

> 夫孝始於事親，中於事君，終於立身。

這句話是由事父母談到事君，再由事君返乎個人修身立德。事君的問題暫且不談，但事親之道是甚麼呢，卻值得我們思考。為人子女者，至少應該不會忘記父母的年歲、父母的生日吧！《論語》記載孔子說：

> 父母之年，不可不知也。一則以喜，一則以懼。
> （4.21）

孔子在這裏指出，父母的年紀不能不時時記在心裏：一方面因而歡喜，另一方面又因而有所恐懼。

父母的年紀一日比一日大，為人子女者，喜的是父母雖年增而健在，懼則是他們年增衰老而接近死亡。

現今香港男性的平均壽命是 79.5 歲，女性為 85.6 歲，[1] 都是全世界三甲位置。這反映醫學科技的進步和醫療服務普及等因素。古人壽命之短，更令人要緊記年華轉瞬即逝，要好好把握光陰。古代社會以家族為本位，長輩擁有絕對的權威地位，因此，父母之年，不單不可不知，更要牢牢記着。時至今天，父母有將近八十次生日，看似很多，其實不然，今生有機會當父母的孩子，實在是今生的緣分。父母之年，還是應該緊記。

所謂「樹欲靜而風不息，子欲養而親不在」，報答親恩需要及時，否則追悔莫及。有一次，參加了友人母親的喪禮，看見友人的兄弟姐妹都悲痛欲絕，氣氛凝重，友人只是神情蕭穆，未有彈淚，望着亡母的遺照苦苦追思。過了一段日子，跟他聊起事親之道，才知道友人在母親病重期間，一直照顧有加，給母親帶來最後的歡樂，他的兄弟姐妹各因工作繁忙，未能抽空陪伴在側。我因此推想，友人兄弟姐妹的悲痛當然是真切的，可是，如果其母在生之時，能夠多抽時間陪伴，不是更好嗎？這時，我才猛然醒覺友人的蕭穆，其實代表着伴隨在母親身旁那段最後歲月所帶來的滿足。

陳百強的〈念親恩〉、Beyond 的〈真的愛你〉、容祖兒的〈世上只有〉等都是不同年代頌揚父母之恩的流行曲，在大

1　據香港政府統計處 2006 年公佈的數據。

聲朗唱之餘，我們應該付諸行動，時刻追趕着像沙漏倒數般與父母相處的日子。

父母的生日是哪一天呢？這問題看似非常簡單，原來也可以難倒不少人。中國大陸在 2007 年，曾以網上問卷形式訪問了一些白領網民，結果其中七成人不知道父母的生日，其中年齡群在 21 歲至 35 歲的受訪者表示，即使記得，也很少給父母過生日。

為了解成年子女與上一代父母之間的關係，香港家庭福利會在 2007 年底至 2008 年初，訪問了三百對長者父母及其子女。調查結果顯示，近三成半的受訪子女答錯父母的生日日期。當然，要孝順並不在於生日的一頓飯，也不是父親節、母親節大排長龍的上茶樓；很多父母會說，如果子女孝順的話，天天都是生日、都是父親節母親節，那他們便真的樂透了。如果我們可以在意一點，牢記着父母的生日、年歲，彼此的關係必可更進一步。

兄弟姐妹是最好的伙伴

兄弟姐妹在我們的成長過程裏十分重要,「孝悌為仁之本」中「孝」為孝順父母,這點極易明白;「悌」強調的是兄友弟恭,卻要多加體會,才可明白。

　　重孝以外,儒家也重悌。孔子是叔梁紇的兒子,古代兄弟姊妹的長幼順序,多以孟、仲、叔、季排列,孟是老大,仲是老二,孔子名丘,字仲尼,可知他當有兄長。然而,關於孔子兄長的記載並不多。據《孔子家語‧本姓解》所載,叔梁紇「雖有九女而無子,其妾生孟皮。孟皮一字伯尼,有足病」。孟皮是孔子的兄長,生來便有足病。在古代,殘疾的兒子並不宜繼嗣,所以,叔梁紇晚年時便娶顏徵在,誕下孔子。孔子跟兄弟的關係如何,我們沒有太多資料;但《論語》裏指出「孝悌為仁之本」,「悌」正是兄弟間的感情,是「仁」的根本,其重要性可見一斑。

　　兄弟姐妹在我們的成長過程中十分重要,「孝悌為仁之本」中「孝」為孝順父母,這點極易明白;「悌」強調的是兄友弟恭,卻要多加體會,才可明白。有人會問,兄弟姐妹還是丈夫妻子重要,其實這是考量五倫裏「兄弟」和「夫婦」

二倫何者為重。兄弟與生俱來，不可變易；夫婦合二姓之好，屬後天而來，卻是維持人類生命延續的關鍵。二者同樣重要。

　　想深一層，兄弟姐妹陪伴你度過人生的首二十年，並一直支持你以後的人生；丈夫或妻子在成年以後一直陪伴着你，直到百年歸老。顯而易見，兄弟姐妹對我們的成長影響至巨，是我們最重要的兒時玩伴，我們透過與兄弟姐妹的相處，明白了許多長大以後在社會上的人際關係。沒有兄弟姐妹，我們的生活變得孤獨，也少了可以時刻提點自己的好朋友。如今，不少家庭只生一個小孩，即使母親懷了第二個寶寶，也不見得特別高興，更擔心令到哥哥或姐姐的寵愛被分薄了。其實，如果你真的愛你的大孩子，更加應該為他多生一個小孩子。兩個小孩必然是兒時最佳的玩伴，而學習與人相處的方式也必然終生受用。

父母應以身作則

為人父母者若能以身作則，便更勝千言萬語的教誨。

為人父母者，常用各種方法教導子女，無論使用甚麼方法，都不及身教重要。《論語》引孔子說：

> 父在，觀其志；父沒，觀其行；三年無改於父之道，可謂孝矣。（1.11）[1]

父親活着的時候，要觀察他的志向；在父親死後，要考察他的行為；如果有人對他父親的合理部分，長期地不加改變，便可以說做到孝了。在這則《論語》裏，可先留意兩件事，一是「三年」是否實指，二是父親怎樣的行為才值得我們不去改變。為甚麼是「三年」無改於父親的行為呢？歷來主要有兩種意見：第一種「三年」是一個約數，代表很長的時間。第二種「三年」指的是三年之喪。清人汪中的〈釋三九〉說：「凡一、二之所不能盡者，則約之三，以見其

1　此章《論語》又見於〈里仁〉4.20：子曰：「三年無改於父之道，可謂孝矣。」

多；三之所不能盡者，則約之九，以見其極多。」可見三年代表了孝子長時間無改於父親的行為。至於「三年之喪」一說，特就三年而論，那麼三年以後就可以盡改父親的行為嗎？似乎不必然。所以，以前說較為合理。潘重規《論語今注》說：「三年，是說時間長久。」這個解說簡約可從。

至於「無改於父之道」又如何解釋呢？假若父親是江洋大盜，兒女是否也「無改於父之道」，子承父業，繼續當大盜呢？顯而易見，這裏的「道」應該是指善的好的東西。錢穆《論語新解》說：「本章就父子言，則其道其事，皆家事也。如冠、婚、喪、祭之經費，婚姻戚故之饋問，飲食衣服之豐儉，歲時伏臘之常式，子孝不忍遽改其父生時之素風。」錢先生認為孔子此處專就家事立說，其言有理。

再舉今天的例子，譬如父親生前樂善好施，父親死後，也要繼續此等善舉。反之，父親如果是個匪幫毒梟，子女不單不要學他，更應該以此為戒，千萬別以他為榜樣，否則只會變成愚孝。可見「無改於父之道」是專就父親生前的合理行為立說。

小心處理家裏的是非曲直

如果父母兄弟做錯事，我們應該大義滅親，抑或是親親相隱，以存孝悌之道呢？這個問題即使在傳統儒家教化之下也不容易處理。

雖然強調「三年無改於父之道」，但又不能愚孝，孔子事父的要求確是頗高的。《論語》引孔子說：

> 事父母幾諫，見志不從，又敬不違，勞而不怨。
> （4.18）

孔子在這裏指出，侍奉父母時要輕微婉轉地勸止，看到自己的心意沒有被父母聽從，仍得恭敬地不加以觸犯，即使憂愁，但也不怨恨。在古代，父母擁有絕對的權威，子女只得聽從。但父母不是聖人，也有做錯事的時候。為人父母者，自知有錯便當坦然承認，不要狡辯和掩飾；為人子女者，如果知道父母的舉動有違正道時，亦應挺身指出，不應迴護。

《論語》此章的說法，令人想起上古時大舜的遭遇：大舜自幼喪母，父親續娶，生子象。後母和弟象，甚至是

自己的生父瞽叟都多次加害於舜，欲置舜於死地，大舜皆未有反抗，甘願逆來順受。如此孝行，換來舉世稱譽，帝堯更將皇位讓給舜。舜的孝行是不可思議的，後世更列入二十四孝故事之內。父親瞽叟的惡行，大概也只有孝如帝舜才可以原諒。

《論語》此章末有「又敬不違，勞而不怨」二句，尤堪注意。今天，父母和子女之間發生爭執的例子多不勝數，絕大部分的成因就是因為未有做到「敬不違，勞而不怨」。誠如上文所言，父母也有做錯事的一刻，然而，子女如能婉轉相勸，減少不必要的爭執，家庭氣氛自可更為和諧。舉例而言，有兒子為了追看足球比賽直播，不顧父親在觀看電影而轉台，在父親執意轉台繼續觀看未播完的電影後，兒子竟然掌摑父親。其實，兒子大可平心靜氣向父親訴說自己的要求，請父親體諒，而非輕易動怒並訴諸暴力。有時候，父母會叫子女幫忙做一些瑣碎的家務，兒女總是找藉口推託，如果父母再三要求，便破口大罵。連「敬不違，勞而不怨」也做不到，更遑論「事父母幾諫，見志不從」了。

如果父母兄弟做錯事，我們應該大義滅親，抑或是親親相隱，以存孝悌之道呢？這個問題即使在傳統儒家教化之下也很難處理，且先看三則故事。

第一則故事見諸《左傳‧隱公四年》。石碏的兒子石厚與州吁作亂，石碏是衛國賢臣，派遣衛使右宰丑殺州吁於濮（今安徽亳縣東南），又使其家宰獳羊肩殺兒子石厚於

陳。石碏為了國家利益和君臣大義，設計誅殺了自己的兒子。最後，《左傳》引「君子曰」稱讚石碏說：「石碏，純臣也。惡州吁而厚與焉。『大義滅親』，其是之謂乎！」稱讚石碏是賢德的臣子。

第二則故事見諸《左傳·昭公十四年》。叔向多次揭發其弟叔魚的惡行，孔子讚揚叔向不隱於親，是古之遺直。《左傳·昭公十四年》引孔子說：

> 叔向，古之遺直也。治國制刑，不隱於親，三數叔魚之惡，不為末減。曰義也夫，可謂直矣。

叔向是春秋後期的晉國賢臣，叔魚是他的弟弟。昭公十四年時，當時負責晉國刑法的士景伯出訪楚國，叔魚暫代其官。此時，邢侯和雍子因田地問題發生糾紛，雍子把女兒嫁給叔魚，到了判決那天，叔魚偏幫雍子，壓制邢侯，邢侯卻在朝廷之上把叔魚和雍子殺死。作為哥哥，叔向認為叔魚、邢侯、雍子三人罪行相同，皆當殺之。其中叔魚出賣刑法，雍子用其女收買法官，邢侯干犯法官的職務。叔向能夠大義滅親，舉報弟弟，因而得到孔子的讚賞。孔子認為叔向有着古代流傳下來的正直作風。他治理國家大事使用刑法，不包庇親人，三次指出親弟叔魚的罪惡，做事合乎道義，可謂正直！能夠指證親弟罪惡，大義滅親，拋卻手足之情，正是叔向受到孔子稱讚的原因。

第三則故事見諸《論語·子路》，記載的是葉公與孔子

的對話：

> 葉公語孔子曰：「吾黨有直躬者，其父攘羊，而子
> 證之。」孔子曰：「吾黨之直者異於是：父為子隱，子
> 為父隱。——直在其中矣。」（13.18）

葉是地名，當時屬楚。葉公是葉地的縣長，是楚地賢者，
楚君稱王，縣長即稱公。葉公指出其家鄉有個正直的人，
他的父親偷了人家的羊，他告發了父親。孔子聽過葉公所
說，遂指出自己的家鄉也有正直的人，但和葉公所言的正
直並不一樣；在孔子家鄉的正直，父親會為兒子隱瞞，兒
子也為會父親隱瞞。就理性而言，父母犯錯，兒女應當幫
理不幫親，這是葉公家鄉的正直人；就感性而言，幫助做
錯事的父母隱瞞，這是孔子家鄉的正直人。

　　究竟是大義滅親，還是親親相隱，相信孔子也沒有
答案。父親的嘉言善行，我們不單三年無改，更當矢志終
生；父母如果做錯了，為人子女者自當「見不善如探湯」
（16.11）。好與壞，白與黑，孝子賢孫應當分辨。

慎終追遠

掃墓拜山本來是對先人的一種敬意，但時至今日，一切都變得非常公式化，掃墓的時候，我們還會否想起先人在世時的點滴，會否勾起一些回憶呢？

慎終，是要謹慎地對待死亡；追遠，是要緬懷遠代的祖先。中國人重孝道的精神，最能透過「慎終追遠」四個字反映出來。《論語》引用曾子說：

> 慎終，追遠，民德歸厚矣。（1.9）

孔門之教重孝，而曾子尤以孝道見稱。曾子認為謹慎地對待父母的死亡，追念遠代祖先，自然會導致老百姓歸於忠厚老實。這話的原意當然是針對統治者治國而言，但時至今天，此話仍深有啟發性。又《論語》嘗引孟懿子與孔子的對話：

> 孟懿子問孝。子曰：「無違。」樊遲御，子告之曰：「孟孫問孝於我，我對曰，無違。」樊遲曰：「何謂也？」子曰：「生，事之以禮；死，葬之以禮，祭之以禮。」（2.5）

儒家重視天地人三才，有重人的精神。曾子所說的「慎終」，在孔子此處的回答便是「葬之以禮，祭之以禮」，要謹慎的對待父母的死亡。一切皆以禮，代表孝子要用合適的方法對父母行最後的尊敬。

春秋戰國年代，儒家和墨家在對待死亡的態度上有很大分歧，墨家強調薄葬，一切從簡，儒家剛好相反。或許有人會問，厚葬不是太浪費嗎？逝者已逝，根本不會知道你為他花了多少錢。但儒家的厚葬代表的是對父母的敬意，父母離世，人子悲痛萬分，厚葬只是一種紀念方式。春秋時代禮崩樂壞，曾子所言正是針對當日情況而論。

今天，我們身處寸金尺土的香港，不但喪葬之禮一切從簡，即使先人死後埋葬之處也教人大傷腦筋。從前，中國人大多流行以土葬的形式埋葬先人，惟因土葬佔地甚多，又易引起環境污染，火葬遂取而代之，成為近年來最常用的喪葬方式。

根據香港每年死亡數字推算，未來十年，平均每年有四萬多人死後選擇火化，政府的骨灰龕位絕對供不應求。如葵涌靈灰安置所剛於 2009 年 4 月推出三千多個骨灰龕位，便接到八千五百個申請，超額一點五倍；而 2009 年 6 月推出的鑽石山骨灰龕位，亦有二萬二千多宗申請，顯示很多先人仍然無處容身。這無疑給為人子女者造成極大的心理負擔。食物環境衞生署在 2010 年公佈的《骨灰龕政策檢討公眾諮詢文件》裏，指出特區政府可供編配的骨灰龕

位，每年只有三百多個。但在 2009 年，火葬人數多達三萬
六千五百，如果單靠政府提供的三百多個骨灰龕，另外的
三萬六千幾骨灰應如何處理？葬無可葬，未能入土為安，
更遑論「葬之以禮」！

除了「葬之以禮」，「祭之以禮」也值得注意。

中國文化源遠流長，人民紀念先祖，其實也代表了對
民族歷史的認同。現在，每逢清明節和重陽節，總會有大
批市民到祖先的墳前掃墓。

掃墓拜山本來是對先人的一種敬意，但時至今日，一
切都變得非常公式化，掃墓的時候，我們還會否想起先人
在世時的點滴，會否勾起一些回憶呢？在掃墓的過程中，
不時看到有孝子賢孫在先人墳前斬乳豬、玩撲克牌，談天
說地，議論時局，像嘉年華會多於悼念先人。我們並非要
裝君子，但在先人墳前，總應收起嬉皮笑臉，而以莊嚴的
態度面對祭祀之事。

儒家是積極現世的思想流派，孝道卻是「生，事之以
禮；死，葬之以禮，祭之以禮」，跨越死生的界限。只有
「葬之以禮，祭之以禮」，我們才能面對祖先過去的歷史，
檢討事情的成敗得失，能夠「慎終追遠」，才可令「民德歸
厚」。

厚葬不如厚養

古人守喪三年，為了報答父母之恩；今天，「港孩」泛濫，父母之恩可能三十年也報不了。

父母養育之恩，我們應該如何報答呢？古人會選擇在父母死後，守三年之喪，以盡一點孝思。《論語》有以下一段記載：

> 宰我問：「三年之喪，期已久矣。君子三年不為禮，禮必壞；三年不為樂，樂必崩。舊穀既沒，新穀既升，鑽燧改火，期可已矣。」子曰：「食夫稻，衣夫錦，於女安乎？」曰：「安。」「女安，則為之！夫君子之居喪，食旨不甘，聞樂不樂，居處不安，故不為也。今女安，則為之！」宰我出。子曰：「予之不仁也！子生三年，然後免於父母之懷。夫三年之喪，天下之通喪也，予也有三年之愛於其父母乎！」（17.21）

宰我，名予，字子我。此章記載了孔子和宰我的爭論。宰我認為父母死了，守孝三年，時間太長。而且君子三年不習禮，禮儀一定會廢棄掉；三年不奏樂，音樂一定

會失傳。宰我認為守喪之期一年便足夠了。孔子説：三年喪期之時，吃得太好，穿得太美都會教人心裏不安；然而，宰我卻對此不以為然。孔子無可奈何，他認為君子守孝之時，吃美食不曉得甜，聽音樂不覺得快樂，住在家裏不以為舒適，但宰我不認同孔子之論。

宰我以三年之喪太長，孔子責以不仁。孔子為三年喪期作了情感上的解釋，認為守喪三年，實因兒女自出生以來，三年後才能完全脱離父母的懷抱，守三年之喪，乃以三年哀思報兒時襁褓之恩。其實，三年之喪只是時間上的形式而已，我們要脱離父母的懷抱，三年豈云足夠！

另一方面，在父母眼中，子女永遠是長不大的，但子女依賴父母卻應該適可而止，更不可有無止境、不合理的索求。近年來，出現了「港孩」一詞，指的是在中產家庭出生的小孩。這些家庭最多只生育兩名子女，小孩成長時又有不敢逆意的外傭貼身照顧，漸漸地，子女便變成矜貴的「小皇帝」。「港孩」會在街上操控父母、拳打外傭，甚至升了中學還不懂繫鞋帶，看着香蕉也不知如何剝皮。為人父母者都會愛護自己的子女，但溺愛只會為子女的成長帶來缺憾。

年青人在成長的過程中，總有忤逆父母的時刻。但當人長大以後，回頭一想，總對自己過去的行為悔恨不已。現今社會生活節奏急促，早已沒有供三年之喪存在的空間，甚者連一日之喪也欠奉。

在現今的喪葬過程中，殯儀館的負責人通常會為孝子披上麻衣，為孝女戴上白花，當父母遺體安葬以後，便立即為子女脫孝，一天之內完成從戴孝到脫孝的過程，效率之高，令人佩服。此外，喪禮完畢以後，還有所謂「解穢酒」，目的是為家屬親友作解脫和去除憂傷與污穢。我們經常可以看到在這樣的一個場合，參與者都是高談闊論，看電視，討論連續劇的劇情，東拉西扯，不着邊際，絲毫沒有懷念先人的心情，解脫和去除憂傷與污穢的速度令人訝異。人理應是情感的動物，卻可以極速忘憂，實在教人心寒。

三年之喪在現今社會難以實行，這是事實。父母去後，我們如果可以永遠的懷念他們，不違反他們的懿行，便已是對父母最大的敬意。

厚葬不如厚養，如果我們可以在長輩在世之時多加關懷，有空時能夠與他們談天說地，遨遊四方，厚養一番，總比在他們仙遊以後厚葬來得好。孔門儒家是積極現世的思想流派，「生，事之以禮」比起「死，葬之以禮，祭之以禮」重要得多。

第三章

生活的藝術

我們總有一種錯覺，以為有道德的人會較刻板，孔子不但不會時刻板起臉孔，而且更能快樂地生活。不單孔子被人誤解，儒家也經常為人誤解。儒家其實也強調快樂。《禮記·雜記下》云：

> 子貢觀於蜡。孔子曰：「賜也，樂乎？」對曰：「一國之人皆若狂。賜未知其樂也。」子曰：「百日之蜡，一日之澤，非爾所知也。張而不弛，文、武弗能也。弛而不張，文、武弗為也。一張一弛，文、武之道也。」

孔子觀看蜡祭，孔子詢問子貢有否感到歡樂，子貢說舉國人民如瘋如狂，可是自己卻不知蜡祭有甚麼值得歡樂。孔子答道，百姓之樂乃因終年的勞苦已經結束，國君給予一日的歡飲也是應該的。孔子認為即使是文王、武王，也會有時緊張工作，有時放鬆下來，不會終日都生活繃緊。在這個故事裏，孔子勸子貢還是應該多了解老百姓在多月辛苦以後，的確需要一些娛樂以作調劑。

我們的生活快樂嗎？2008年，香港人的人均GDP是30,755美元，排名全球第28位。金錢物質我們是不少了。可是我們快樂嗎？據英國志願機構「新經濟基金」（New Economics Foundation）在2009年的《幸福星球報告》（The Happy Planet Index）的調查指出，香港人的快樂指數全球排第84名。[1]「新經濟基金」的調查沒有計算以金錢衡量的國民生產總值，取而代之的是國民的壽命、快樂

1　頭十位分別是哥斯達黎加、多明尼加共和國、牙買加、危地馬拉、越南、哥倫比亞、古巴、薩爾瓦多、巴西、洪都拉斯。

程度、生活滿意度及環境問題等因素。全球第一是中南美洲的哥斯達黎加，該國的人均壽命是 78 歲半，國內 99% 能源都來自再生途徑。香港全球排名 84，比起伊拉克和伊朗都要低，是全東亞區最不快樂的地方。簡言之，快樂與否跟金錢的多寡幾乎沒有關係，甚至是貧窮地區的人民更容易獲得快樂。同理，不丹政府提倡以 GNH（Gross National Happiness）代替 GNP，強調心靈富足比金錢重要。我們的日常生活是由物質生活還是精神生活佔據呢？生活上的快樂是源於得到物質的享受，還是精神的富足呢？當然，物質生活與精神生活不必、也不可能互相取代，重要的是如何好好分配兩者。孔子的日常生活是怎麼樣的？我們又可以從哪個角度得到孔子的啟發呢？詳看下文交代。

樂在生活中

做事認真投入，自可樂在其中。能夠樂在其中，便是邁向成功的第一步。

怎樣的生活才算是快樂呢？這是古今中外人民共同關心的課題。孟子之樂，樂在得天下之英才而作育之；莊子〈逍遙遊〉之樂，在於無待而逍遙；范仲淹〈岳陽樓記〉之樂，關乎天下百姓，以為「先天下之憂而憂，後天下之樂而樂」；歐陽修〈醉翁亭記〉之樂，是百姓安居樂業之樂；張潮《幽夢影》論樂頗為詳細，他認為：「人莫樂於閒，非無所事事之謂也。閒則能讀書，閒則能遊名勝，閒則能交益友，閒則能飲酒，閒則能著書。天下之樂，孰大於是。」由於「閒」有這麼多好處，所以張潮認為這是天下最大的「樂」。

現代社會的人，「快樂」二字似乎與娛樂扯上關係。今天，人們的快樂可能來自出外旅遊、到主題公園痛玩一天、唱卡拉OK、麻雀耍樂、玩電視遊戲機等。不少人都認為，人在小時候純潔無瑕，樂在心中，長大以後，俗務日多，自然更多借助外力、借助物質以達致生活快樂。但當

我們冷靜下來，反躬自省，人長大了會較快樂嗎？大概不是。成年人都想返老還童，返回自己那個天真無邪的國度裏，便是一證。

孔子一生周遊列國，顛沛流離，他的快樂又是甚麼呢？《論語》引孔子說：

> 飯疏食飲水，曲肱而枕之，樂亦在其中矣。不義而富且貴，於我如浮雲。（7.16）

簡言之，孔子之樂，是一種不重視物質生活的生活態度（但不是漠視）。金錢重要嗎？大概沒有人會說金錢一點也不重要。不過，對於富貴，孔子看來就如浮雲一般。孔子認為吃粗糧，喝白水，彎着胳膊做枕頭，也很有樂趣；反而對因為幹不正當的事而獲得的富貴，孔子卻視如天邊的浮雲，絕不重視此等財富。

在我們的眼中，「飯疏食飲水」和「曲肱而枕之」是一種惡劣的生活素質。「飯」作動詞用，即吃的意思。「疏」，有的版本寫作「蔬」，乃粗食之意。手肘的前方是臂，肘的後方稱為肱。「曲肱而枕之」指孔子彎曲着手臂來當枕頭，不用錦衾角枕。在物質條件匱乏的情況下，仍然活得很快樂。

在孔子生活的年代，物質生活不比今日的富足。但古人卻能「樂在其中」，這不禁為我們這些生活在大都市、在物質主義薰染底下生活的人帶來迎頭棒喝。孔子在衛國為

公孫余假所監視，變相軟禁；[1] 嘗過陳蔡絕糧，被人誤認作大壞人陽虎；[2] 也試過被宋國司馬桓魋追殺，[3] 但孔子從不受這些外在條件的影響，而始終追求自己的理想——恢復周禮。「知其不可而為之」（14.38）的精神，打動了不少古代名人。

司馬遷撰寫《史記》，將三千年史事融匯於五十二萬六千五百字之中，目的正是繼承孔子編撰《春秋》的精神，「垂空文以斷禮義，當一王之法」。司馬遷在〈孔子世家〉最後的「太史公曰」說出「雖不能至，然心嚮往之」、「余讀孔氏書，想見其為人」的千古名句，司馬遷的精神正與孔子的精神相契合，「知其不可而為之」也是兩個生活在不同時代的人的相同寫照。

1　據《史記‧孔子世家》記載，孔子在衛國時，有人向衛靈公誣陷孔子，衛靈公於是派遣「公孫余假一出一入」，監視孔子。孔子恐怕獲罪，遂離開衛國。

2　據《史記‧孔子世家》記載，孔子將到陳國之時，路過匡地，隨從人員顏刻以前曾跟隨陽虎凌虐匡人，所以當匡人看見顏刻時，便以為陽虎又要到來。再者，孔子的長相與陽虎相似，所以更加深了匡人的誤會。孔子在匡地被困數日，後來才得以解圍。

3　據《史記‧孔子世家》記載，孔子有一次與弟子在大樹下習禮，宋司馬桓魋欲殺孔子，正當弟子認為當趕快離開之時，孔子說：「天生德於予，桓魋其如予何！」以上天既然將傳道之任賦予自己，桓魋又能把我怎麼樣！

安貧樂道

詩仙李白說：「清風朗月不用一錢買。」快樂與金錢的
關係其實不大，只要用心去感受自己的生活，快樂自
然隨之而來。

　　大抵當人的生活不囿於物質條件之下，一切順乎己
心，自然得到快樂。當然，「不囿」並不代表不需要金銀財
帛。孔子從來沒有否認金錢的作用，只是不義之財不可得
而已。

　　孔子說「樂在其中」，孔門之「樂」是甚麼呢？答案很簡
單，「安貧樂道」四字可以概括。安於貧窮，樂於趨道，後
人遂有「孔（孔子）顏（顏回）樂處」之說。當然，貧賤本身
並不可樂，所謂樂者乃指超越名利富貴而自得其樂，這是
一種超越人生利害而達到的內心幸福和快樂。簡言之，即
是追求精神生活的滿足快樂。很多人或許以為「精神生活的
滿足快樂」有點虛無縹緲，事實並非如此。

　　舉例而言，我們可以花費大量金錢，逛街購物，享
用山珍海味，駕駛名貴跑車，穿金戴銀，物質生活豐盛富
足；也可以腳踏單車，輕吹海風，遠望藍天白雲，欣賞大

自然的美麗風光，思考人生，獲得一連串的精神快樂。詩仙李白說：「清風朗月不用一錢買。」這句話真可令人再三體味。

當然，今天可以人造降雨，藍天白雲一樣可以營造。快樂，由人控制，也由人決定，買了名貴跑車可以令人快樂，憑觸覺感受到大自然的美麗也可以令人快樂。快樂既然由自己掌控，我們為何讓物質生活牽着鼻子走呢？

適當的富貴

不少人以為孔門儒家面對財富的態度是「富貴如浮雲」，其實這是把孔子的話斷章取義了。孔子認為「不義而富且貴，於我如浮雲」，我們要特別注意「不義」二字。在《論語》裏曾引用公明賈評價孔子：

> 夫子時然後言，人不厭其言；樂然後笑，人不厭其笑；義然後取，人不厭其取。（14.13）

最後兩句話可以用作「不義而富且貴，於我如浮雲」的注腳。「義」是適宜的意思，可見孔子認為在適當的時候取，沒有人會厭惡他的取。換言之，如果「富且貴」是「義」的，孔子不介意取，反之，「不義而富且貴」，孔子實視之如浮雲。我們可以利用《論語》裏記載孔子對於仕進和退隱的態度來說明這個問題：

子使漆彫開仕。對曰：「吾斯之未能信。」子說。
（5.6）

子路使子羔為費宰。子曰：「賊夫人之子。」子路
曰：「有民人焉，有社稷焉，何必讀書，然後為學？」
子曰：「是故惡夫佞者。」（11.25）

子夏曰：「仕而優則學，學而優則仕。」（19.13）

儒家是一個積極入世的思想流派，學習六藝以後，便
應學以致用，為官治民。「仕而優則學，學而優則仕」一語
雖非出自孔子，但也代表了孔門對於仕進的態度。進入仕
途，當然會獲得俸祿，孔子於此絕不反對。

誠如上文所言，孔子反對的是不循正確途徑而得之。
孔子叫漆彫開做官，但漆彫開沒有去做，以為自己的學識
未足以取信。孔子聽到漆彫開的答案，感到非常高興。有
一次，子路叫子羔為費縣之宰，孔子卻說此舉是害了人家
的兒子。在子羔這個例子裏，可以看到孔子強調為官之
前，必須已學。由此觀之，子夏「學而優則仕」的說法，其
實源出孔子。

孔子希望恢復周文，為時君所重用，因此儒家是強調
學以致用的。先秦儒家並非只談心性，更重在能用，此與
後世儒家的發展有極大分別。所以，「義」而能夠「富貴」，
孔子是非常歡迎的。殷海光〈人生的意義〉說：「古代聖賢
說：君子謀道不謀食。當我少年時，同學間常以為問舍求

田的人，是沒有大志的。因為，當時大家只談理想，只談
學問。萬一有人談錢，大家一定笑他的。這是當時一般知
識分子的價值觀念。這也表示文化價值的重點之所在。又
如古時有人說『餓死事小，失節事大』；『餓死首陽之山，義
不食周粟』。這是認為生物需要不及道德價值之重要。尤其
宋明理學家就是如此的。他們的想法高得很，但也空得很
的。他們從不屑談這些經濟事務。但是，我們現在重視這
個了。」

　　殷海光的說話很有道理，時至今天，我們應該謀道也
謀食。《論語》引孔子說：

　　　　富與貴，是人之所欲也；不以其道得之，不處
　　也。貧與賤，是人之所惡也；不以其道得之，不去
　　也。君子去仁，惡乎成名？君子無終食之間違仁，造
　　次必於是，顛沛必於是。（4.5）

富貴是人人所盼望的；但不以正當手法得之，君子並不接
受。同理，貧賤是人人所厭惡的，但不以正當手法棄之，
君子並不擺脫。孔子認為君子拋棄了仁德，便不能成就他
的聲名。君子時刻不會違反仁德，即使在倉促匆忙、顛沛
流離之時也一定與仁德同在。

不要給自己藉口

　　承上所論，儒家並不反對人們對錦衣肉食的追求。榮華富貴是人們所嚮往的，貧困下賤是人們所厭惡的，二者孔子都沒有加以贊成或否定。問題在於我們以甚麼方法得到它們、擺脱它們。在現今金錢掛帥的社會裏，追求榮華富貴每每成為人們首要的考慮，許多人認為：「最重要的是目的達成，達成目的的手段、過程並不重要。」而孔子則説：

　　　君子固窮，小人窮斯濫矣。（15.2）

意思是君子雖然窮，還是堅持着；小人一窮便無所不為了。這正是君子和小人最大的區別。如果理想達到，夢想實現，當然考驗不到一個人的意志。但當做事稍有阻礙，未能順遂，君子小人高下立見。貧窮不是罪惡，要如何擺脱貧困呢？甚麼才是合理的方法呢？但生活逼人是鋌而走險的藉口嗎？只要想深一層，誰都會有答案。有時會在報章上看到失業人士到超市偷奶粉給初生嬰兒的報道，這些人無疑需要社會的幫助，可是偷竊終究是犯法的行為，其情可憫，但法理不容。失業人士可以努力找工作，也可以申請綜援，甚至是慈善機構的緊急援助基金，但絕對不可偷竊。否則，將來該如何面對靠偷回來奶粉養大的子女呢？得到金銀財帛是誰人都喜歡的，但如果不循正途得之，自然受人唾棄。

知足常樂

孔子認為顏回十分賢德，即使他的日常生活只有一竹筐飯，一瓜瓢水，住在簡陋的巷子裏，別人都忍受不了那樣的愁苦，顏回卻能不變其原有的快樂。

甚麼是「孔顏樂處」呢？這裏孔指孔子，顏指顏回。據《宋史・道學傳》所載，周敦頤命令學生程顥、程頤「尋孔、顏樂處，所樂何事，二程之學源流乎此矣」。周敦頤又在《通書》裏解釋「孔顏樂處」。《通書・顏子》說：

> 顏子「一簞食，一瓢飲，在陋巷，人不堪其憂，而不改其樂」。夫富貴，人所愛也；顏子不愛不求，而樂乎貧者，獨何心哉？天地間有至貴至富、可愛可求而異乎彼者，見其大而忘其小焉爾。見其大則心泰，心泰則無不足；無不足，則富貴貧賤，處之一也。處之一，則能化而齊，故顏子亞聖。[1]

1　程子曰：「昔受學於周茂叔，每令尋顏子、仲尼樂處，所樂何事。」（載《河南程氏遺書》卷二上）可見程子亦未忘先師教誨，以此為念。

即使身處貧困，顏回如何保持心境快樂和身心和諧呢？周敦頤指出，天下之人多以貧賤為人生苦境，而富貴則是人生目的。惟君子可超越於富貴與貧賤之上，此因人生中有比生命更重要的，周氏謂之為「大」，即成聖成賢的理想。如果人見其「大」，必忘其「小」，富貴的追求便不復重要了。簡言之，在我們的生命之中，有沒有東西比起榮華富貴更為重要呢？我們並非不追求錦衣肉食，可是，在此以外，我們的人生目標、理想是甚麼呢？

上文提及精神生活富足的重要性，那麼，孔子眼中豐盛的精神生活又是怎樣呢？我們可以達到這種境界嗎？下面我們即以先秦儒家所載為例，看看孔顏樂處的具體情況，並據此討論精神生活的滿足在今天的變化。

《論語》引孔子讚美顏回說：

> 賢哉，回也！一簞食，一瓢飲，在陋巷，人不堪其憂，回也不改其樂。賢哉，回也！（6.11）

孔子認為顏回十分賢德，即使他的日常生活只有一竹筐飯，一瓜瓢水，住在簡陋的巷子裏，別人都忍受不了那樣的愁苦，顏回卻能不變其原有的快樂。顏回是孔門的道德先生，孔門四科以德行為首，德行科之中又以顏回排列最先。[2] 簞是古人盛飯的竹器，是當時普通人盛飯所用。瓢用

2　孔門四科見於《論語‧先進》：「德行：顏淵、閔子騫、冉伯牛、仲弓。言語：宰我，子貢。政事：冉有，季路。文學：子游，子夏。」四科中以德行為先，德行中又以顏回居首。

以舀水，把葫蘆剖為兩半，其半稱瓢。顏回的生活條件是惡劣的，他吃得少，喝得少，住的是小巷子，大家都很替他憂心，但顏回反而「不改其樂」。顏回之樂，其實是樂道之樂，亦即上文所言的孔顏樂處。朱熹《集注》引程子曰：「簞瓢陋巷非可樂，蓋自有其樂爾。」顏回的貧困並不可樂，顏回之樂是因為在這樣生活條件下仍可以不改其樂道之心。

現今社會的快樂是怎樣建立的呢？先問小孩子，他會告訴你「打機」最快樂。再問成年人，如今社會上 kidult（kid + adult）比比皆是，他們的快樂可能也是來自「打機」。不是說現代人的快樂只來自「打機」，而是希望大家明白快樂應該如何建立、如何得來。我們不是顏回，不用吃劣質食品，然後睡在後巷之中去體驗甚麼是「孔顏樂處」，但也應該想想理想的精神生活應該是怎樣。

宋明理學常給人的詬病是「既高且空」，我們從這個「高空」返回現實生活，也還是需要一些精神上的寄託，而非讓物質充斥着我們的生活。社會上有些人會選擇放棄自己的高薪厚祿，當義工、做善事，跑去山區當老師，襄助貧苦大眾。我們的選擇應該是甚麼呢？2008 年，電視節目《向世界出發》（第三輯）曾訪問了香港甘草演員余慕蓮女士。在節目中，余女士細陳其利用退休金在貴州興建希望小學的經過，感人非常。「勿以善小而不為」，余女士此等無私的奉獻，其實已改變了許多人的一生。余女士曾在節目裏

說：「你看有這麼多學生，看見他們就開心了。」因為小孩得以受學而「樂」，這種「樂」正是精神上的滿足、快樂。

人生需要音樂

孔子的生活並不呆板，愛唱歌，也愛演奏樂器。安貧樂道的生活態度固然重要，但發而皆中節的適度調適也不可忽視。

現代人常以聆聽音樂作為陶冶性情的方法，生活在春秋末年的孔子，音樂也佔其人生的重要部分。

孔子多才多藝，能夠演奏不同的樂器，根據文獻記載，孔子至少能夠演奏琴、瑟、磬等。琴即古琴，樣式甚多，乃中國古代的彈撥樂器。《史記‧孔子世家》曾有孔子問教師襄子的記載：

> 孔子學鼓琴師襄子，十日不進。師襄子曰：「可以益矣。」孔子曰：「丘已習其曲矣，未得其數也。」有閒，曰：「已習其數，可以益矣。」孔子曰：「丘未得其志也。」有閒，曰：「已習其志，可以益矣。」孔子曰：「丘未得其為人也。」有閒，有所穆然深思焉，有所怡然高望而遠志焉。曰：「丘得其為人，黯然而黑，幾然而長，眼如望羊，如王四國，非文王其誰能為此也！」師襄子辟席再拜，曰：「師蓋云《文王操》也。」

　　這個故事在本書第一章曾經介紹過。孔子跟隨師襄子學習多天，一直不肯學習新的樂曲，認為自己所學未為圓滿。後來，孔子終能指出所彈之曲正是《文王操》，使師襄子也為之拜服。這正是孔子熟悉前代音樂的明證。

　　現在很多年輕的父母都希望孩子學習樂器演奏，培養一點對音樂的感受。根據專家意見，孩子學習樂器最早不能低於四歲，而且此時樂器仍然必須承擔大玩具的角色，而不是讓孩子學技巧的工具。在學習樂器的過程中，需要手腦眼並用，這樣可以增強孩子的協調性。專家進一步分析，在幼兒園裏，一些學過鋼琴的孩子，拍皮球的動作便顯得比較好。因此，作為一種入門樂器而言，鋼琴可能是個好的選擇。當然，學習樂器也會對孩子構成壓力，這是父母不可忽視的。對於處於音樂入門階段的孩童來說，他們和音樂的互動過程應該是快樂的、享受的，而不是被迫的。有時候，父母會為孩子不肯練習而大費周章，甚至肝火大動，大抵是已忘記讓孩子學習音樂的原意。有些父母甚至會利用金錢利誘孩子練琴，這是甚麼樣的價值觀呢？孩子受了這種價值觀的影響以後，他們將來能不是金錢的奴隸嗎？

用心擊磬

　　孔子也善於擊磬。磬是古代敲擊樂器，形狀像曲尺，

用玉、石製成，可供懸掛。磬在早期主要應用在先民的樂舞活動中，後來經常在統治者的征戰和祭祀等各種活動的雅樂中出現。《論語》嘗記載孔子擊磬：

> 子擊磬於衛，有荷蕢而過孔氏之門者，曰：「有心哉，擊磬乎！」既而曰：「鄙哉，硜硜乎！莫己知也，斯己而已矣。深則厲，淺則揭。」子曰：「果哉！末之難矣。」（14.39）

孔子在衛國當官之時，仕途不得意，因而擊磬排遣。有一位背扛草筐的人聽到孔子擊磬之聲，經過孔宅門前，指出孔子當有心事。然後又認為孔子擊磬之聲硜硜作響，太過俗氣，是因他以為沒有人理解自己罷了。這個荷蕢的人又引《詩》來說，將孔子的心情比喻為涉水一樣，水深就穿著衣服走過去，水淺就撩起衣服走過去。孔子知悉荷蕢者所言後，顯得無可奈何，以荷蕢者說得這麼絕，也就沒有甚麼可以責問他了。據《孔子家語‧辨樂解》記載，「孔子學琴於師襄子，襄子曰：『吾雖以擊磬為官，然能於琴』。」孔子曾隨師襄子學鼓琴，如果師襄子亦能擊磬，則孔子擊磬之藝可能亦學自師襄子。

孔門瑟藝

孔子亦能鼓瑟。瑟是中國古代弦樂器。《詩‧小雅‧甫田》謂「琴瑟擊鼓」，為古籍最早關於鼓瑟的記載，可見

瑟至少有三千年以上的歷史。從二十世紀三十年代以來，中國內地先後在長沙、信陽和江陵等墓穴裏出土了近二十張瑟。湖北隨縣曾侯乙墓的一張古瑟，更是戰國初期（前四三三年以前）時製作的，尾端有龍的形象雕塑，共鳴箱側面有彩繪的鳳凰圖案，是中國現存最古的瑟，現藏在湖北省博物館。孔子習瑟以後，復將瑟藝傳授學生，《論語》載云：

> 子曰：「由之瑟奚為於丘之門？」門人不敬子路。
> 子曰：「由也升堂矣，未入於室也。」（11.15）

仲由，字子路。這裏的「由」指的便是子路。為甚麼孔子會有這樣的批評呢？除《論語》以外，劉向《說苑・脩文》說「子路鼓瑟有北鄙之聲」，而「北者殺伐之域」，「故其音湫厲而微末，以象殺伐之氣」。《孔子家語・辨樂解》也有相類近的記載。倘用今天的角度理解，子路奏瑟的音樂大抵頗有殺氣，因此，孔子才認為子路彈瑟之音不應在孔門出現，而孔門其他學生便都不敬子路。其實，子路的瑟藝已經不錯了，雖未能入室，但也升堂了，總比其他孔門弟子為佳。

　　除了子路以外，曾晳（名點，字晳，曾參之父）似乎是另一位善於彈瑟的孔門弟子。在《論語・先進》「侍坐章」一文裏，孔門師生討論平生志向之際，曾晳正在彈瑟，待孔子向曾晳發問之時，他才慢慢的把瑟放下，站起來回答老師的提問。《論語》載孔子與曾晳的對答如下：

「點！爾何如？」鼓瑟希，鏗爾，舍瑟而作，對
曰：「異乎三子者之撰。」子曰：「何傷乎？亦各言其
志也。」曰：「莫春者，春服既成，冠者五六人，童子
六七人，浴乎沂，風乎舞雩，詠而歸。」夫子喟然歎
曰：「吾與點也！」（11.26）

在子路、冉有、公西華等學生都作答以後，孔子便問曾皙
的志向是甚麼。此時，曾點彈瑟的聲音漸慢，鏗的一聲，
離瑟而站，回答孔子自己與別不同的志向。曾皙希望在暮
春三月之時，穿上春服，與五六位成年人，六七個少年，
到沂河裏洗洗澡，在舞雩臺上吹吹風，然後唱着歌走回
來。孔子知悉曾皙的志向後，長歎一聲，十分贊同曾皙的
想法。曾皙這種「舞雩沂水」的境界，後世引申為知時處
世、逍遙遊樂之意。歷代學者解釋「侍坐章」四子之志，各
有體味，清人張履祥《備忘錄》認為四子之志是講治道的先
後，子路、冉有、公西華等三人之志先且不論，曾皙的「舞
雩沂水」，不正是天下太平、百姓安居以後的美滿生活嗎？

音樂可以治療身心

孔子臨終之前，仍能憑歌寄意，正是孔子藝術化的生活態度。在香港，人人都為餬口而工作，生活藝術化似乎是高尚的玩意，其實不然。要怎樣生活，其實取決於自己。

中國傳統樂器演奏非常多元化，可惜時至今天，不少樂器及其演奏方法都已失傳，究其所以，乃因演奏之法難以記誦，代代相傳，即有疏失，相隔數世，已告失傳。更有甚者，或因曲高和寡，無人繼承，遂失精粹。劉義慶《世說新語 · 雅量》論及嵇康臨終之前，與名曲〈廣陵散〉一同消失於世：

> 嵇中散臨刑東市，神氣不變，索琴彈之，奏〈廣陵散〉。曲終，曰：「袁孝尼嘗請學此散，吾靳固不與，〈廣陵散〉於今絕矣！」太學生三千人上書，請以為師，不許。文王亦尋悔焉。

〈廣陵散〉的演奏內容為何，今日不得而知。據廣陵琴派專家所示，〈廣陵散〉全曲共有四十五個樂段，描寫的是

聶政刺殺韓王的故事。由是觀之，〈廣陵散〉表達了平民反抗暴君的精神，故嵇康臨終奏之，自有其深意。現在我們只能痛惜嵇康未能早早將〈廣陵散〉一曲薪火相傳，此曲如能流傳至今，也可減少我們的一點遺憾。

音樂療法

孔子的彈琴、擊磬、鼓瑟，似乎都有深意，並非純然消閒。有此等造詣，孔子的琴技、磬技、瑟技大抵已經到達了演奏級。今天，我們的音樂可以陶冶性情，更可幫助小孩的腦部發育。多項研究發現，小孩透過音樂訓練後，他們的反應會較為敏捷，腦筋動得較快，記憶力及語言能力也有所提升。此外，更有研究指出莫札特的音樂對舒緩胃腸病很有效，貝多芬的音樂則有助醫治憂鬱症，長期失眠導致身體不適時，聽巴哈的音樂可以令人酣然入夢。當然，音樂療法並不適合單獨使用，但若併用傳統療法，確實能有效提升傳統療法的效果。

歌曲與生活

孔子的音樂造詣高超，除了樂器演奏外，孔子也喜歡唱歌、聽歌，並對此頗有要求。現代人有卡拉OK，興之所至，便可與三五知己結伴同行，唱個通宵達旦。高興的時候，我們會唱歌；失意、悲傷的時候，我們也會唱歌。高

聲歌唱是排除緊張、激動情緒的有效手段。當我們的心中積壓着不滿的情緒時，不妨唱唱歌，憑着歌曲的旋律，歌詞的激勵，可抒情解困。

　　孔子喜歡唱歌，這是毋庸置疑的，而且還特別欣賞唱得好的人。《論語》記載：

　　　　子與人歌而善，必使反之，而後和之（7.32）

孔子與別人一起唱歌，如果唱得好，便一定請他再唱一遍，然後和他合唱。大抵孔子也是能辨聲之人，歌曲演繹的好與壞，自不能逃避孔子的審評。孔子對聲音的好惡非常分明，唱得好的，再唱一遍；唱得差的，不聽也罷。孔子這種率直的性格值得我們仿效，比那些模稜兩可的意見更具參考價值。試想想，如果友人希望我可以給他意見，讓他日後做事好好改進；而我卻只敷衍了事，胡亂稱讚數句，這樣我便對不起他。

　　孔子對在甚麼時候唱歌也有要求。《論語》引孔子說：

　　　　子於是日哭，則不歌。（7.10）

為甚麼當天哭過了便不能唱歌呢？《禮記·曲禮上》云：「臨喪則必有哀色。」臨喪不哀的話，那便等同兒戲了。既然已哀，那便不適合快樂地唱歌了。孔子這種生活態度，令我們聯想到一種快樂時快樂，悲傷時悲傷的情緒。高興時，我們應該盡興；悲傷時，應該盡哀。如果我們甚麼時候都

埋藏着自己的情緒，便只能說是矯情造作，或者是不守禮儀。

終生嗜好

唱歌大抵是孔子的終生嗜好，直到晚年而不衰。根據《史記‧孔子世家》記載，孔子臨終之前仍不忘歌唱一番：

> 孔子病，子貢請見。孔子方負杖逍遙於門，曰：「賜，汝來何其晚也？」孔子因歎，歌曰：「太山壞乎！梁柱摧乎！哲人萎乎！」因以涕下。

當時孔子生病，子貢請見。孔子撐着拐杖，在門口休閒散步，然後若有所思的慨歎子貢何以遲來。孔子在搖頭嘆息之際，隨即唱道：「泰山要倒了！樑柱要斷了，哲人也快要死了！」孔子更邊唱邊流淚。這裏的「哲人」自然是孔子的自況，此後七天，孔子辭世。臨終之前，仍能憑歌寄意，正是孔子藝術化的生活態度。

在香港，人人都為餬口而工作，生活藝術化似乎是高尚的玩意，其實不然。要怎樣生活，其實取決於自己。

講究飲食

飲食是人類的基本欲望，中國人向來重視飲食、講究飲食，孔子更是認真對待飲食之事。

《禮記·禮運》引孔子説：

> 飲食男女，人之大欲存焉。

孔子認為飲食和男女是人們最基本的欲望。孔子十分重視民食，《論語·顏淵》記載子貢問政之事，其中指出了糧食的重要性：

> 子貢問政。子曰：「足食，足兵，民信之矣。」子貢曰：「必不得已而去，於斯三者何先？」曰：「去兵。」子貢曰：「必不得已而去，於斯二者何先？」曰：「去食。自古皆有死，民無信不立。」（12.7）

《漢書》引酈食其説：「王者以民為天，而民以食為天。」其中「民以食為天」一句更成為中國人重視飲食的最佳注腳。在《論語》裏，可以看見孔子説：

> 君子食無求飽，居無求安。（1.14）

　　孔子認為君子吃食不求飽足，居住也不求舒適。此外，孔子對於顏回的簞食瓢飲也十分讚揚，但孔子絕不厭惡飲食。《論語》裏便記載了不少有關孔子對於飲食的描述，絕大部分內容都來自〈鄉黨〉一篇。今本《論語》共有二十篇，其中〈鄉黨〉一篇的真偽頗有爭論。法國學者馬斯伯樂（Henri Maspero）和英國學者魏理（Arthur David Waley）在他們的著作裏便已懷疑〈鄉黨〉其實是一篇禮儀的短文，乃後人加以修正併入《論語》裏。然而，即使〈鄉黨〉原本不屬《論語》文字，仍不失為記錄孔子起居生活的最佳材料。

　　說回飲食，我們對飲食有何要求呢？香港素來有「美食天堂」的美譽，身為香港市民，我們或許「識飲識食」，但孔子在《論語》裏關於飲食的描述及其中妙處，我們又知道多少呢？

　　孔子身處禮崩樂壞的時代，一生的夢想在於恢復周文，重興禮樂，即使在飲食方面也不例外。《禮記 · 禮運》記孔子論禮之起源說：

　　　夫禮之初，始諸飲食。

此後該篇便詳論古代飲食禮制的發展。《論語》裏論及飲食的文字，則與祭祀、時君多有關連。

　　如果在死了親屬的人旁邊吃飯，我們會不顧一切，大快朵頤嗎？孔子的取態是這樣的：

　　子食於有喪者之側，未嘗飽也。（7.9）

孔子在死了親屬的人旁邊吃飯，不曾吃飽過，原因正是前
文提到的臨喪則哀。又《論語·述而》說：

　　子於是日哭，則不歌。（7.10）

這裏更可見孔子弔喪之時，因為悲哀食不下咽，所以不能
吃飽。孔子此時已動惻隱之心，其哀與樂跟有喪者一致，
人哀而我亦哀。在今天看來，如果此哀是出自真心的話，
固然很好，否則便是矯情了。

　　曾經見過有人在吃解穢酒的過程中開懷大吃，談笑風
生，也有人會嫌棄有喪者酒微菜薄，招呼不周。我想，「食
於有喪者之側，未嘗飽」這句話還是值得我們細味的。

　　大家吃飯的時候會喋喋不休的說話嗎？孔子認為：

　　食不語，寢不言。（10.10）

所謂「食不語」就是要求吃飯的時候最好不要交談。為甚
麼呢？原因一，吃飯時說話會影響消化。原因二，吃飯時
說話，還可能會引起嗆噎。因此從身體健康的角度而言，
吃飯時不談話是十分有道理的。此外，吃飯談話會口沫橫
飛，在傳染病細菌肆虐的今天，也顯得份外嚇人。由此推
知，孔門的餐桌上大抵鴉雀無聲，師弟子都只是低頭進食。

　　據研究所知，法國人每天花在飲食的時間是世界最長
的。一般而言，法國人以為在正式的宴會上，交談重於一

切。法國人視宴會為交際場所，用餐時不能只吃不談，否
則便是沒有禮貌。這樣看來，法國人應該是邊吃邊談的，
跟中國人不同。

　　其實，如果一家人一起吃飯，完全沒有交談，死寂
的氣氛倒是相當可怕的。因此，家庭成員之間談談生活瑣
事，自是正常不過，更是促進家庭生活和諧的好方法。

珍惜食物

面對食物，即使是粗茶淡飯，孔子也是戒慎戒懼的。

中國古代以農立國，直到今天，農業仍然是老百姓的經濟命脈。農業國家自必培養出一種對食物的尊重。《論語・鄉黨》説：

> 雖疏食菜羹，瓜祭，必齊如也。（10.11）

意思是雖然用粗飯、菜湯、瓜類祭祀，也必然是嚴肅恭敬。面對食物，即使是粗茶淡飯，孔子也是戒慎戒懼的。唐代李紳〈憫農詩〉説：「鋤禾日當午，汗滴禾下土。誰知盤中飧，粒粒皆辛苦。」其中「粒粒皆辛苦」一句，後世廣為傳誦，可是我們有沒有認真的面對食物呢？

根據不少調查顯示，香港人浪費食物的情況非常嚴重。在 2008 年一份環保團體所作的調查中，超過八成受訪者外出用膳時有剩下食物的習慣，但當中只有一成半的人曾向餐館提出減少食物分量。浪費食物除了有負農夫的一番心血外，更加造成嚴重的環境污染。據環境保護署的資料顯示，食物渣滓便佔都市固體廢物的百分之三十五。不

只是吃得浪費，連烹調的過程也不例外，現時港人平均每人每日製造半公斤的廚餘，數量較鄰近地區如新加坡、韓國及台灣為高。

在古代，糧食是非常珍貴的東西，攻城作戰時甚至以攻下敵方糧倉為第一要務。今天，我們不必打仗，食物卻仍當珍而重之，不應任意拋棄。1994年普立茲新聞特寫攝影獎（Pulitzer Prize for Feature Photography）得主凱文卡特（Kevin Carter）的作品「蘇丹的小女孩」拍攝到瀕臨飢渴與死亡邊緣的小孩，令我們更加珍惜食物和水。香港每年舉行的「饑饉三十」的口號是「珍惜食物　我做得到」，更是切近己身，時刻不忘。對食物存有嚴肅恭敬之心，古今應然。

飲食要健康

古人吃肉的機會不多，即使可以吃肉的話，孔子認為也不可以超過主食，這種吃法甚為健康，或許正是孔子長壽之故。

每個人都有飲食的喜好，七滋八味（七滋：甜、酸、苦、麻、香、辣、鮮；八味：魚香、麻辣、酸辣、乾椒、辣子、紅油、怪味、椒麻）各有所鍾愛。孔子的飲食習慣是怎麼樣的呢？《論語‧鄉黨》有以下一段詳細的記載：

> 食不厭精，膾不厭細。食饐而餲，魚餒而肉敗，不食。色惡，不食。臭惡，不食。失飪，不食。不時，不食。割不正，不食。不得其醬，不食。肉雖多，不使勝食氣。唯酒無量，不及亂。沽酒市脯不食。不撤薑食，不多食。（10.8）

驟眼看來，孔子似乎是偏食者，很多東西都不吃。依上所言，孔子強調食物加工要非常講究，愈精細愈好。稻粱穀物要舂得精，魚和肉要切得細。米飯受潮和變味了，魚和肉腐爛了，都不吃。食物的顏色難看，不吃。食物的

氣味難聞，不吃。烹調不當，不吃。不按正常時間吃飯，不吃。肉切得不正確，不吃。佐料的搭配不適當，不吃。席上的肉再多，但吃的量不超過米麵的量。只有喝酒沒有限制，但不可喝醉。從市上買來的肉乾和酒，不吃。吃完了，薑不撤除，但也不多吃。

就以上引文看來，孔子不吃的東西頗多，但都有其原因。首先，食物不夠精細，除了有損美觀以外，更會妨礙消化。有學者指出「膾」就是生魚片或生肉片。生肉切得不夠仔細，不按紋理，再好的肉也會浪費了。食物變壞了，我們誰都不吃，豈止孔子一人？食物的顏色難看，很可能代表食物已經變壞了，不吃亦屬平常。

我們今天的情況與孔子又稍有不同，食物顏色過於鮮艷，可能代表這種食物的人造色素非常重，吃了還會引起不同類型的疾病。再者，氣味難聞的不吃，也是可以理解的。不過，難聞與否卻是因人而異。舉例而言，豆腐發酵而成的臭豆腐便是難聞食物的典範，可是它在香港、上海、台灣等地都是有名的小食。又例如浙江紹興一帶的霉乾菜和霉莧菜梗便最負盛名，俗稱二霉。可是，霉的東西自然發出霉味，氣味難聞，必加咀嚼然後才可細意品嘗。

孔子認為烹調不當的不吃，此屬人之常情，亦頗有醫學根據。例如烤焦的食物不能吃，吃後易患癌；醃製的食物含有致癌物質，不宜多吃；太燙食物不能吃，易燙傷消化道引起癌變。這都是吃了烹調不當的食物的後果。

　　至於「不時不食」的說法，實有兩種解釋，一是不按正常時間吃飯不吃，一是不到該吃的時候不吃。我們今天多用後一種解說。例如夏天吃瓜，冬天吃菜，夏天飲水，冬天飲湯，都是按着時節調適飲食。又如有些店舖，夏天賣清熱糖水，冬天賣滋補蛇羹，其實也是不時不食的反映。孔子又謂肉切得不正確便不吃，其實這個要求也絕不過分。我們買了鮮肉回家，也不是拿刀子亂切一番，牛肉要橫切，雞肉要豎切，豬肉則要斜切，各有不同。由此可見，孔子說「割不正，不食」是很有道理的。

　　又孔子認為「不得其醬，不食」，此因當時的肉菜味道偏淡，故必蘸醬而食；而且不同的肉食，也必須搭配不同的醬。由是觀之，孔子亦非常注意菜餚配搭，不可胡為亂吃。現在潮州菜便很重視每種菜餚和醬汁的配合。古人吃肉的機會不多，即使可以吃肉的話，孔子認為也不可以超過主食，這種吃法甚為健康，或許正是孔子長壽之故。

　　今天，健康飯盒的「肉：菜：飯」比例是 1：3：5，但不少人日常的飲食比例卻是 5：3：1，新生代將來的健康情況實在令人擔心。孔子也喝酒，酒量不控制，但以不喝醉為限。可能這是為了回家時不會醉駕馬車吧！現在，香港市民不能以不喝醉作為醉駕的標準，血液內的酒精含量超過了 0.05% 便是醉駕了。因此，現在還流行一些「零酒精」的啤酒，既可飲酒盡興，又可以不必擔心醉駕。

　　孔子還不吃從市場上買回來的熟肉和酒水，這可能是

怕食品不衞生。至於公私祭的祭肉，存放不能超過三天：

> 祭於公，不宿肉。祭肉不出三日。出三日，不食
> 之矣。（10.9）

這同樣是要求吃得新鮮。尤其是在夏天，不少食物都很容
易變壞，所以孔子不吃亦屬平常。有時候，我們隨處逛街
「覓食」，吃下不少不潔的小食，因而患上腸胃炎，這正是
未有聽從孔子「沽酒市脯不食」的忠告。生薑氣味辛辣，吃
了可以提神，幫助消化。孔子說「不撤薑食」，是說飯後生
薑並不撤去，但也不要吃得太多。

　　孔子是萬世師表，偉大的哲學家、思想家，但也總會
有着平凡的日常生活。認識了生活化的孔子，我們才能多
加了解孔子。

第四章

為人處世的學問

人是群體的動物。我們活在一個又一個的群體之內，每一個群體，都可以稱為一種關係圈。人離不開群體生活，即使終日待在家中的「御宅族」，也不能只活在自己的世界裏。日本人岡田斗司夫（Okada Toshio）認為御宅族是一群為了適應二十一世紀影像資訊世界而產生的新類型人種，簡言之，御宅族是沉醉在電玩資訊的一群。可是，你要買東西，不是要見人（售貨員）嗎？乘搭交通工具，不是滿街都是人嗎？哪怕我在網上訂購一切用品，最終也免不了跟送貨到來的速遞員交接兩句。人還是要跟其他人接觸，不能只活在自己的世界裏。

　　儒家重仁，「仁」強調的便是人與人之關係。《禮記·中庸》説：「仁者，人也。」鄭玄注釋説：「人也，讀如相人偶之人，以人意相存問之言。」再者，「仁」字由「亻」和「二」兩個部分組成，「亻」即「人」。因此，「仁」即「二人」的意思。二人探討的正是人與人之間的關係。回看〈中庸〉的解釋，所謂「仁者，人也」，代表了人不能離開人群而生活。既然要過着群體的生活，怎樣為人處世便成為一個必然的課題。生活在禮崩樂壞、有志難伸的時代，孔子為人處世的態度正好給我們作為參考。

　　在不少周秦兩漢典籍裏都可以看到孔子的處世態度，但又以《論語》所載最為真切，可信性最高。班固《漢書·藝文志》説：「《論語》者，孔子應答弟子時人及弟子相與言而接聞於夫子之語也。當時弟子各有所記。夫子既卒，門人相與輯而論篡，故謂之《論語》。」這裏指出《論語》是孔子和孔門弟子以及時人的對話錄，乃一部語錄體典籍。

人與人之間的對話，說明了《論語》見證孔子為人處世態度的本質。我們有不同的處世態度，有人做事認真，一絲不苟；有人玩世不恭，遊戲人間；有人凡事得過且過，無欲無求。沒有一種處世態度是絕對的正確，在不同的處境之中，自有適合的處世態度。孔子對理想有所堅持，但也能知所權宜，在追求理想之餘而不拘小節，這是後人研究孔子時所忽視的。孔子距今已遠，但他的處世之道仍然有不少地方可供我們借鑑。

進退有時

生活在黑暗混沌的社會裏，有人會選擇隱姓埋名，逃離煩囂；有人會選擇積極面對，知其不可而為，孔子肯定屬於後者。

　　如前文所言，孔門儒家強調的是「學而優則仕」，實際上，過去的讀書人除了為朝廷效命以外，別無選擇。如果說，朝廷命官等同今天的政府公務員，這種等同看似正確，其實不然。我們今天不當公務員還有許多工作的選擇，可是，古代讀書人只有一條出路，那便是為朝廷賣命，成為朝廷命官。

　　孔子要恢復周文，重建社會秩序，為官成為唯一的出路。我們「學而優」的不一定要「仕」，不同類型的工作都需要一些「學而優」的人。另一方面，讀書學習成績不好的，今天也有多元化的出路，「學」得是否「優」，並非今天成功與否唯一的重要原因。

　　孔子一生求仕，希望能夠匡扶時君，解百姓之困，重建禮樂已壞的社會。看孔子的生平事迹，我們會說他率領弟子周遊列國，游說諸侯，好不威風。回心一想，孔子並

非自願「周遊列國」，而是因為時君不用，故屢次遷徙，顛沛流離，其中的失意落泊可知。

據《史記》所載，孔子離開魯國之後，曾經到過衛國、曹國、宋國、鄭國、陳國、蔡國、楚國等諸侯國，其求仕之心昭然若揭。或仕或隱，當時有志之士各有所取，有人一如孔子，積極入世；有人避人避世，隱居山林。孟子說：「可以仕則仕，可以止則止，可以久則久，可以速則速，孔子也。」（3.2）指出孔子在應該做官的時候做官，應該辭職便辭職，可以繼續做官便繼續做，要走的時候便馬上走。孔子的出處進退皆有法度，極有原則。面對功名利祿，很少人可以如斯冷靜，孔子對待仕與隱的態度實在值得我們參考。

香港特別行政區首任行政長官董建華曾經被人多番批評其施政失誤，有人甚至叫他辭職，他曾回應說：「要離開很容易，留下來卻需要極大的勇氣。」姑勿論香港人是否認同他的施政，這句話卻是極有道理。在惡劣的環境下，很多人會選擇放棄、離開，有志之士卻能在逆境中自強。我們不能控制環境，所謂逆境自強，重要的是調節自己的心態。

道不同不相為謀

我們碰見不想見的人，卻仍得寒暄幾句，閒話家常，希望胡混過去。如果是唇槍舌劍，各不相讓，只怕浪費更多時間。美麗的謊言，有時候比真實的答案好。

孔子希望為官治民，重建禮制，理想偉大，卻是曲高和寡，難有知音。《論語》引孔子說：

> 道不同，不相為謀。（15.40）

主張不同，便沒有商議的餘地。如前所說，孔子不是反對致富，而是要取之有道，所以「學而優則仕」（19.13）是正常不過的。但當官與否，謀財與否，還是大有原則的，《論語》引孔子說：

> 篤信好學，守死善道。危邦不入，亂邦不居。天下有道則見，無道則隱。邦有道，貧且賤焉，恥也；邦無道，富且貴焉，恥也。（8.13）

這是孔子傳授弟子為官之道。孔子認為要堅定信念並努力學習，誓死守衛並完善治國與為人的大道。危邦便不要

入，亂邦便不居住。天下有道之時，就出來做官；天下無
道之時，就隱居不出。若在有道之邦仍是貧賤，這是可恥
的；若在無道之邦仍是富貴，也是可恥的。

孔門主張積極入世，然而國家混亂，便應隱居韜光養
晦。孔子生時，季氏家臣陽虎控制魯國朝政，政在家臣之
手。陽虎當權之時，曾欲召孔子出仕，《論語》記載此事説：

> 陽貨欲見孔子，孔子不見，歸孔子豚。孔子時其
> 亡也，而往拜之。遇諸塗。謂孔子曰：「來！予與爾
> 言。」曰：「懷其寶而迷其邦，可謂仁乎？」曰：「不
> 可。──好從事而亟失時，可謂知乎？」曰：「不可。
> ──日月逝矣，歲不我與。」孔子曰：「諾；吾將仕
> 矣。」（17.1）

陽貨即陽虎。陽虎深知孔子熱衷於仕途，所以想見孔子，
召其出仕。然而，孔子不見陽虎，故陽虎留下禮物──一
隻小豬。按理孔子應到陽虎家回拜，但孔子既不欲見陽
虎，所以故意在陽虎不在家時前赴，不料卻在路上巧遇陽
虎。陽虎知道孔子好言「仁」和「知」，故意以此二事相問。
陽貨説：把自己的本領藏起來而聽任國家迷亂，是否可稱為
仁；喜歡參與政事而又屢次錯過機會，是否可稱為智。孔
子究竟有沒有回答陽虎這兩個問題，前人學者有所爭論。
明人郝敬指出這只是陽虎的自問自答，此説大抵可從。時
光飛逝，歲月不饒人，陽虎認為孔子應當盡早出仕。最

後，孔子說：「好吧，我將要去做官了。」孔子有沒有在陽虎麾下當官？當然沒有。陽虎是僭越的家臣，陪臣執國命，與孔子是「道不同不相為謀」，孔子的回答，不過是為了可以盡快脫身而已。

　　有些時候，我們碰見不想見的人，卻仍得寒暄幾句，閒話家常，為了早些脫身，幹自己要幹的事，便都顧左言右，唯唯否否，希望胡混過去。如果是唇槍舌劍，各不相讓，只怕浪費更多時間。孔子當然不會在陽虎麾下當官，但美麗的謊言，有時候比真實的答案好。

看準形勢，待賈而沽

不少「打工仔」每每抱着「跳槽」的心態，希望在轉投新公司後能遇到一個賞識自己才華的上級，其實是待善賈而沽的舉措。

　　孔子一生希望得到時君重用，一展所長，卻苦無機會，即使魯定公在位時曾官至大司寇，又在夾谷之會取得了外交上的勝利，以至把叔孫氏和季孫氏（「三桓」之二）的城堡拆掉，但卻因為齊國的離間計而要離開魯國，顛沛流離。孔子平生曾經碰見過長沮（18.6）、桀溺（18.6）、接輿（18.5）、荷蓧丈人（18.7）等隱士，對於隱居避世不表認同，孔子一生都在等待機會，待善賈而沽。《論語》記載了一次子貢和孔子的對話：

　　　　子貢曰：「有美玉於斯，韞匵而藏諸？求善賈而沽諸？」子曰：「沽之哉！沽之哉！我待賈者也。」（9.13）

子貢以美玉為喻，問孔子應該收藏在櫃子裏，抑或是找一個識貨的商人把它賣掉。孔子回答子貢，表示若有識貨的人，便應該將美玉賣掉。韞，是藏的意思；匵，是櫃子的

意思。「賈」，唐代陸德明《經典釋文》指出有兩個讀音，一音嫁，一音古。音嫁，「善賈」即好價錢的意思；音古，「善賈」指善於經商的人。就本章意義而言，「賈」字應屬後義。

孔子一生正是在等待一個「善賈」，好好的發揮自己的才華，匡救時弊，恢復周文。可惜的是這個人始終未有出現。是以孔子在周遊列國之後，回魯而不復參與政事。孔子不仕，正好代表當世並無「善賈」。今天，不少「打工仔」每每抱着「跳槽」的心態，希望在轉投新公司後能遇到一個賞識自己才華的上級，其實也就是待善賈而沽的舉措而已。

孔子汲於仕途，時人盡知，且孔子在治國與教學俱頗有名聲，即使亂黨賊邦也希望能延攬孔子入伍，壯大聲勢。據《論語》記載，叛臣欲召孔子者共兩次：

> 公山弗擾以費畔，召，子欲往。子路不說，曰：「末之也，已，何必公山氏之之也？」子曰：「夫召我者，而豈徒哉？如有用我者，吾其為東周乎？」（17.5）

> 佛肸召，子欲往。子路曰：「昔者由也聞諸夫子曰：『親於其身為不善者，君子不入也。』佛肸以中牟畔，子之往也，如之何？」子曰：「然，有是言也。不曰堅乎，磨而不磷；不曰白乎，涅而不緇。吾豈匏瓜也哉？焉能繫而不食？」（17.7）

公山弗擾，字子洩，是季氏的費邑宰，《左傳》作「公山不狃」。曾與陽虎共執季桓子，後與陽虎謀殺之，不果，

陽虎出奔，公山弗擾則佔舉費邑，起兵作亂。當時公山弗擾據費邑背叛，來召孔子，孔子準備前去。子路不高興，認為即使無處可往，也不必去公山弗擾那裏。孔子一生求用，覺得公山弗擾既然來召，大抵並非空話，因而躍躍欲試。孔子的理想是得人重用，在東方復興周禮，建設一個東方的西周。公山弗擾雖為亂臣，孔子卻想匡扶其人，將之撥亂反正，這正是孔子往助公山弗擾的原因。

另一次，亂臣佛肸也來召孔子。佛肸是范中行家臣、中牟縣長，他想對抗趙簡子，便使人往找孔子出仕。在此事上，孔子同樣心動欲往；子路同樣反對，認為孔子不應助紂為虐。不過，孔子用了一個生動的比喻，將自己的心態表露無遺。孔子說：「吾豈匏瓜也哉？焉能繫而不食？」表示自己難道是個苦味的葫蘆嗎？怎麼能只掛在那裏而不給人吃呢？匏瓜是葫蘆中的一種，味苦不能吃。孔子欲仕於當世，行道以濟斯民，所以不能像匏瓜般繫於一處，人不食之。從這兩個例子中，可見孔子面對仕途時的腼腆之情，但這也是孔子人性化的表現。

將心比心，推己及人

人是生活在群體的動物，人與人的相處建基在互諒互信之上，曾子以為孔子之道唯在忠恕，正是這個意思。

甚麼是「恕」呢？《說文解字》說：「恕，仁也。」漢代賈誼《新書‧道術》說：「以己量人謂之恕。」《一切經音義》卷二十二引《聲類》則曰：「仁心愛物曰恕。」恕的意思大抵是將心比心，推己及人，時刻設身處地為他人設想。這種心態近乎「仁」，所以《說文解字》以為「恕」的意思是「仁」，也不無道理。《論語》記載了一次孔子和曾參的對話：

> 子曰：「參乎！吾道一以貫之。」曾子曰：「唯。」子出，門人問曰：「何謂也？」曾子曰：「夫子之道，忠恕而已矣。」（4.15）

孔子告訴曾參，表示自己的道是由一個基本的思想貫徹始終的。曾子明白老師所言，然而其他弟子不明所以，所以等孔子出去之後，爭相詢問曾參。曾子認為老師的道，就是忠恕二字。為人之道，對己要忠，盡己之心；對人要

恕，推己及人。忠和恕是為人之道的兩面。

《論語》記載了在另一個場合裏子貢和孔子的對話：

> 子貢問曰：「有一言而可以終身行之者乎？」子
> 曰：「其恕乎！己所不欲，勿施於人。」（15.24）

孔子認為可以行乎終身的也是恕，而恕的具體內容是「己所不欲，勿施於人」。自己不想要的事物，就不要加諸別人身上，這正是推己及人之心。人是自私的，恕道可令我們不要自私，要關愛別人。

近年來，我們的生活已經離不開電腦，但每一部電腦的壽命卻愈來愈短，這「有賴」於電腦生產商成功的促銷策略。我們買一部新電腦，便幾可等同把一部舊電腦拋棄，棄掉的電腦會怎樣呢？有些不法商人會將零件分拆出售，最後剩下一些無法轉售的部分，便隨意棄掉。不過，這些步驟都不會在已發展國家進行，因為未發展國家工人的薪酬比起已發展國家而言，少了十倍以上，可是這便為不少第三世界未發展國家帶來極大的生態災難。看見這種情況，想起孔子談的「恕」，我們能有所醒覺嗎？

行恕道，可以令人將心比心，為他人設想。人們由是可以不念舊惡，以己之心量人。《論語》引孔子說：

> 伯夷、叔齊不念舊惡，怨是用希。（5.23）

伯夷、叔齊是孤竹君的兒子，二人因不滿商紂治國暴虐，

遂投奔周武王。及後，二人又不滿武王革命，不仕，拒食周粟，結果餓死於首陽山。「不念舊惡」指的是不記舊仇，「怨是用希」是指二人的怨恨也很少。能夠做到「不念舊惡」，正是有恕人之心，如果不恕，怨恨只能累積，自不能「怨是用希」了。

世間上記舊仇的人很多，有時候自己早已記不起何時何地對某人做了點錯事，那人卻懷恨在心，含而未發，待若干年後伺機迸發，這種人是可怕極了。「恕」對現代人的意義極大，以家庭生活為例，現今社會父母子女大動干戈的情況實在太多了，有時可能只是一言未合，或者是因為爭看電視，或者是不做家務，如果我們行恕道，「不念舊惡」，也就「怨是用希」，保持家庭和諧。孔子又說：

躬自厚而薄責於人，則遠怨矣。（15.15）

他指出怨恨不會出現的方法，便是要多責備自己、少責備別人，說的也是反躬自省、將心比己的行為。

察言觀色，三思後行

做事要有效率，但也不要操之過急。三思而後行，處事謹慎，才不會因魯莽而誤事。

做事不要太過衝動，要想清楚每件事的後果。有些人做事時是不顧後果的，魯莽而行，孔子經常教誨子路，便是希望他可以想好才做。在《論語》中，我們看見在孔門師生對話時，子路每次都是搶先回答，而這些答案經常為孔子所批評。有人或許因此以為孔子不喜歡子路，其實不然，孔子此舉是為了稍稍壓下子路的氣勢，令他做事不要那麼輕率。孔子做事每每反覆思考，所謂：

> 學而不思則罔，思而不學則殆。（2.15）

思考實在非常重要。人會思考，一則可以謹慎行事，二則可以令人知所警惕，下面就和大家討論一下孔子對這兩方面的看法。

三思而後行

有人只憑直覺做事，但更多人在做事前會反覆思考，思前想後，務求將事情做到最好。孔子說：

> 人無遠慮，必有近憂。（15.12）

這裏指出如果一個人沒有長遠的考慮，便一定會出現眼前的憂患。孔子這兩句話非常有道理，相信也沒有人反對做事要有計劃。一個做事從來沒有計劃的人，總以為自己的人生滿有波折，命途多舛；若能在做事前多作考慮，便能將命途上所遇到的困厄化作人生的歷練。有了遠慮，便不再怕近憂。

做事之前若能三思而行，當然很好；然而，孔子不但在教學時因材施教，甚至對待時人，也因各人性格的相異而有不同建議。季文子歷仕魯國諸公，為人頗能計算禍福利害，但想得太多也有不良後果。因此，孔子建議季文子每件事考慮兩次便可以了，不必勞師動眾，也不必過於謹慎。《論語》謂：

> 季文子三思而後行。子聞之，曰：「再，斯可矣。」（5.20）

三思而行固然很好，但有時事出突然，時間不足，考慮三遍，一切時機已過。此外，思考的過程有快有慢，三思也不一定要很長時間；再者，「三」只是多次的約稱，季文子

大抵是反覆思量，不只三次之數。

今天，在投資市場之上，價位瞬息萬變，投資不可盲目，需要思考，這是實話；可是，如果思前想後，浪費時機，也不見得是好的抉擇。如漢代蒯通游說韓信應該早日背叛劉邦，自立門戶，告訴韓信説：「時乎時，不再來。」可惜韓信未有把握時機，最終為劉邦所滅。

做事謹慎是好的，可是用之不當，只會適得其反。在《論語》裏，孔子認為：

慎而無禮則葸。（8.2）

葸是膽怯、害怕的意思。孔子認為過度謹慎，卻不合禮節，就會流於畏縮恐懼。俗語有云：「多做多錯，少做少錯，不做不錯。」如果我們甚麼都不做的話，自然沒有機會出錯，最後變成凡事都不敢承擔。有時想得太多，倒不如踏實地執行，摸着石頭過河，總比只想不做來得好。

戒慎戒懼

孔門儒家強調做事要謹慎，必三思而後行。儒家君子在做事之前更要時刻警惕，戒慎戒懼。我們稱那些在人前道貌岸然、背後卻骯髒齷齪的人為偽君子；反之，在人後獨處仍保持道德的人才稱得上真君子。有些事情可以做給人看，讓人家看在眼裏，這些都是表面化的事；有些事情即使做了，別人也不可能一眼看穿，這些都是內在的事。

原始儒家強調的當然是由內及外，從誠意正心，到修身齊家，最後治國平天下。孔子説：

> 君子求諸己，小人求諸人。（15.21）

能夠反求諸己的人才算是君子。人在獨處之時才是對個人道德最大的考驗。我們應該如何面對自己呢？孔子説：

> 不患人之不己知，患不知人也。（1.16）

孔子認為不怕別人不了解自己，只怕自己不了解別人。很多人在失意之時，便會感到自己懷才不遇，孔子卻認為最重要的是自己可以了解別人。因為別人能否了解自己，我們無法控制；我們是否了解他人，卻掌握在自己的雙手。例如在工作上想升職加薪，員工必須要清楚了解公司的需要，然後再好好裝備自己，朝着理想邁進。因此，能夠了解對方十分重要。

孔子曾説：

> 不逆詐，不億不信，抑亦先覺者，是賢乎！
> （14.31）

孔子認為我們不必預先懷疑別人欺詐，也不必猜測別人不誠實，然而能事先覺察別人的欺詐和不誠實，這個人便堪稱賢人了。這裏特別指出需要具備鑑人的能力。在社會做事的人，察言觀色非常重要。行事要戒慎戒懼，害人之心

不可有，但防人之心不可無。孔子說：

> 夫達也者，質直而好義，察言而觀色，慮以下
> 人。（12.20）

這裏指「達」的人要品質正直，遵從禮義，並且善於揣摩別
人的話語，觀察別人的臉色，時常想着謙恭待人。察言觀
色已經成為人際交往、職場應變的必要因素。

　　我們要戒慎戒懼的，還包括別人對自己的評價。孔子
說：

> 法語之言，能無從乎？改之為貴。巽與之言，能
> 無說乎？繹之為貴。說而不繹，從而不改，吾末如之
> 何也已矣。（9.24）

這裏指出我們應該聽從符合禮法的正言規勸，並以此來改
正自己的錯誤。至於恭順讚許的話，聽了十分高興，但必
須認真研究它的真與偽。孔子認為如果只是高興而不去分
析，只是表示聽從而不改正錯誤，自己也對這樣的人完全
沒有辦法。人總是愛聽甜言蜜語的，稱讚的話不怕多說，
聽的人也不怕多聽，可是我們有沒有就別人的甜言蜜語反
省呢？這些話是真是假，說的人知道，自己也知道，不要
給花言巧語蒙蔽了自己的目光。

　　男女朋友交往時，為了追求對方，幾乎天上的月亮也
可隨時拿下來，甚麼「如果沒有你，生命還有何意義」一類

的話自可得見，但若你冷靜下來，細心一想，那麼他以前的生命是多麼糟糕，在未認識我以前的二三十年也是白活的？在商界裏，所謂同行如敵國，如果有人無時無刻都在抬舉你，那麼便要仔細想想，看看對方說話背後的動機是甚麼了。

說話須謹慎

花言巧語、經常裝着和顏悅色的人很少會有仁心，而花言巧語的人更會敗壞人的德行。

所謂「口舌招尤」，宋代話本小說〈錯斬崔寧〉終場詩其中兩句說：「勸君出語須誠實，口舌從來是禍基。」可說是最好的說明。在故事裏，主角劉貴因一句戲言而遭殺害，還連累幾條無辜生命，作者藉此要人謹言慎語，以免禍從口出。孔子主張慎言，不要亂說話。子路便因在言語上冒犯孔子而給責罵：

> 子路使子羔為費宰。子曰：「賊夫人之子。」子路曰：「有民人焉，有社稷焉，何必讀書，然後為學？」子曰：「是故惡夫佞者。」（11.25）

子路是孔門大師兄，這次他讓子羔去當費地的長官。然而，孔子認為此事不妥，責罵子路此舉實在害人。子路不明所以，覺得不一定要讀書才算是學習，費地有老百姓，有社稷，治理百姓和祭祀神靈都是值得學習之事。對於子路的辯駁，孔子指出自己最討厭那種花言巧語狡辯的

人。孔子還説：

> 巧言令色，鮮矣仁。（1.3）

> 巧言亂德。小不忍，則亂大謀。（15.27）

當中指出花言巧語、經常裝着和顏悅色的人很少會有仁心。花言巧語的人更會敗壞人的德行，在小事情不忍耐，就會敗壞大事情。這些都是花言巧語的惡果。

中國人似乎特別重視寡言，甚至乎將此視為美德。寡言不等於不說話，因為只是「寡」而已。《世說新語‧品藻》有一段故事，可供參考：

> 王黃門兄弟三人俱詣謝公，子猷、子重多説俗事，子敬寒溫而已。既出，坐客問謝公：「向三賢孰愈？」謝公曰：「小者最勝。」客曰：「何以知之？」謝公曰：「吉人之辭寡，躁人之辭多，推此知之。」

王徽之，字子猷，晉代書法家王羲之第五子，因嘗任黃門侍郎，故又稱王黃門。王操之，字子重，是王羲之第六子。王獻之，字子敬，是王羲之第七子，人稱「小聖」，和王羲之合稱「二王」。在《世說新語》這個故事裏，王徽之、操之、獻之三兄弟拜見謝安，徽之、操之多談一些俗世事務，説話較多，獻之只跟謝安寒暄幾句罷了。當三人離開以後，客人問謝安哪位最賢德，謝安的答案是説話最少的獻之。客人感到奇怪，謝安復引《易‧繫辭下》「吉人之辭

寡，躁人之辭多」二句，指出善良的人話少，急躁的人話
多，由此而得知說話較少的王獻之較為賢德。〈繫辭〉傳為
孔子所撰，「吉人之辭寡，躁人之辭多」可視為孔子對慎言
的意見。《孔子家語‧觀周》引《金人銘》說：「多言多敗。」
同樣是慎言的意思。

　　我們說話的時候，要小心謹慎，切忌口若懸河說個不
停；公眾人物比起一般人更應慎言，否則後果更加嚴重。

處事靈活

做人要有原則，但也不要一成不變，只求一板一眼。面對世事紛陳，倘能靈活變通，彈性處理，效果自然更好。

孔子似乎一直給人一種非常嚴肅的感覺，總覺得他老人家一開口論道，大家便只能仔細聆聽，如：

> 朝聞道，夕死可矣。（4.8）

其實，只要細查孔子生平，可見孔子做事其實是很靈活的，絕非一成不變的固執之徒。《論語》記載了一次宰我和孔子的討論：

> 宰我問曰：「仁者，雖告之曰，『井有仁焉。』其從之也？」子曰：「何為其然也？君子可逝也，不可陷也；可欺也，不可罔也。」（6.26）

在這段文字中，「井有仁焉」的「仁」是人的意思，並不是說井裏有一樣名為「仁」的東西。宰我詢問孔子，如果有一個有仁德的人，別人告訴他井裏掉下去一個人，他會

跟着下去嗎？孔子認為仁者不會這樣做，仁者可以到井邊
去救人，卻不可以陷入井中；仁者可能因為他的善良而被
騙，但不能用不合理的事情欺騙他。在這則故事裏，可見
仁者並非一成不變的人，孔子的答案也是。仁者是不可騙
的。說到這裏，很容易令人聯想到孟子所說「今人乍見孺子
將入於井」的故事：

> 所以謂人皆有不忍人之心者，今人乍見孺子將
> 入於井，皆有怵惕惻隱之心，非所以內交於孺子之父
> 母也，非所以要譽於鄉黨朋友也，非惡其聲而然也。
> （3.6）

孟子這段話的目的在於印證人皆有惻隱之心，當看見小孩
將跌入井中的時候，都會上前幫他一把，救他上來。這樣
的舉動，並非因為我們希望與小孩的父母結交，也不是要
在鄉親中博取名聲，更不是討厭小孩的哭聲。救人只是
因為我們都有惻隱之心。在危急之時，我們都會救人；可
是，我們是不會胡亂犧牲生命的，《孟子‧離婁下》引孟子
說：「可以取，可以無取，取傷廉；可以與，可以無與，與
傷惠；可以死，可以無死，死傷勇。」（8.23）孟子認為，
在可拿可不拿的情況下，如果拿了是有損廉潔的話，那便
不拿了；在可以施與也可以不施與的情況下，如果施與是
有損恩惠的話，那便不施與了；在可以選擇死或不死的情
況下，如果死是有損勇敢的話，那便不死了。這可見孟子

並不鼓勵無目的的捨棄生命，而捨生取義只是最高道德原則，並不是動輒都以死相逼。結合孔子所言，仁者是不會無故犧牲生命的。「捨生取義」不是口號，仁德的人不會只打出這樣的旗號，仁者處事靈活，並非只活在僵化的道德世界裏。

儒家強調人要有信用，《論語》曾多番提及。不過，講信用也有例外的時刻，《史記·孔子世家》記載了一段故事：

> 過蒲，會公叔氏以蒲畔，蒲人止孔子。弟子有公良孺者，以私車五乘從孔子。其為人長賢，有勇力，謂曰：「吾昔從夫子遇難於匡，今又遇難於此，命也已。吾與夫子再罹難，寧鬥而死。」鬥甚疾。蒲人懼，謂孔子曰：「苟毋適衛，吾出子。」與之盟，出孔子東門。孔子遂適衛。子貢曰：「盟可負邪？」孔子曰：「要盟也，神不聽。」

孔子路過蒲邑之時，剛好遇上公叔氏佔據了蒲邑而背叛衛國，蒲人就留住了孔子。孔門弟子公良孺一直跟隨着孔子周遊各地，其人身材高大，賢德而英勇，他想跟蒲人決一死戰。蒲人害怕，跟孔子議和，說孔子如能不去衛國，便可放行。孔子允諾，但脫險後卻直奔衛國。子貢對此表示疑惑，問他盟約是否可以不遵守。孔子行事靈活，指出在脅迫下所釐訂的盟約，神明不會認可，也不一定要遵守。這是孔子處事靈活的明證。

　　這裏的「要盟」在今日社會隨處可見。例如手提電話在香港使用普遍，而大部分的使用者都會與不同的電訊商簽訂合約，然而，此等合約的條款有時不甚清晰，因而導致不少濫收費用的情況。此等盟約，條例模糊不清，正是「可負」之盟。其他如收費電視供應商、預繳式收費的瑜伽課程等，只要簽了合約，幾乎等同跌進痛苦無助的深淵之中，無法解約。此等「要盟」，害苦了不少人。

不拘小節

任何事情的實現都不能完全順遂，毫無阻撓；接受小節上的過失，反而可令大事更易成功。

做大事的人是不拘小節的，這個道理也可在孔門師生的言論中找得注腳。孔門十哲之一的子夏說：

> 大德不踰閑，小德出入可也。（19.11）

子夏認為在大節上不能超越界限，但在小節上則仍可斟酌。從這句可見儒家並非迂腐而一成不變，只要能夠把持着大原則，小節還是可以放過的。這種態度若置於嚴謹的儒家支持者身上，可能會認為不能原諒。可是，任何事情的實現都不能完全順遂，毫無阻撓；接受小節上的過失，反而可令大事更易成功。當然，也有不少人濫用了「不拘小節」這四個字，以為仗此四字，可以大模斯樣的說髒話、做壞事。我們做不了甚麼大事，不論大節、小節都要遵守。但哪些才是不拘小節的成功人士呢？若據孔子所言，管仲應該屬於這種人。《論語》裏有數次對管仲的評價：

子曰：「管仲之器小哉！」或曰：「管仲儉乎？」曰：「管氏有三歸，官事不攝，焉得儉？」「然則管仲知禮乎？」曰：「邦君樹塞門，管氏亦樹塞門。邦君為兩君之好，有反坫，管氏亦有反坫。管氏而知禮，孰不知禮？」（3.22）

問管仲。曰：「人也。奪伯氏駢邑三百，飯疏食，沒齒無怨言。」（14.9）

子路曰：「桓公殺公子糾，召忽死之，管仲不死。」曰：「未仁乎？」子曰：「桓公九合諸侯，不以兵車，管仲之力也。如其仁，如其仁。」（14.16）

子貢曰：「管仲非仁者與？桓公殺公子糾，不能死，又相之。」子曰：「管仲相桓公，霸諸侯，一匡天下，民到于今受其賜。微管仲，吾其被髮左衽矣。豈若匹夫匹婦之為諒也，自經於溝瀆而莫之知也？」（14.17）

管仲是春秋時期齊國著名的政治家、軍事家。管仲本來輔佐齊國的公子糾，及後在爭奪君位的過程中，管仲曾射箭攻擊公子小白，小白佯死，卻循他道趕回朝廷即位，是為齊桓公。照理說，管仲應該受到齊桓公的懲罰，但在管仲好友鮑叔牙的強烈推薦下，齊桓公不計前嫌，拜管仲為相，甚至尊為「仲父」。在《論語》裏，孔子對他的評價頗為

迴異。

在第一節引文裏，孔子認為管仲的器量狹小，並指出管仲有三歸，為人並不節儉。三歸是甚麼呢，前人有不同說法，一說管仲娶三姓女，用了天子之禮；一說管仲築三臺，並將女子、財帛藏在其中；一說管仲有三處大宅；一說三歸乃管仲采邑之名；一說是市租取三之義。這五種說法都指管仲生活奢華，僭用齊侯之禮。因此，孔子謂如果管仲知禮，那麼還有誰不知禮呢？單看此段，孔子對管仲的評價甚低，但事實並非如此。

在第二至第四節引文裏，孔子是一面倒的稱讚管仲。在第二節引文裏，孔子指出管仲是個仁德的人，他把伯氏駢邑的三百家奪走，使伯氏終生吃粗茶淡飯，可是伯氏直到老死也沒有怨言。這裏的仁，指的是匡扶天下、救蒼生的大仁，是仁政的意思。伯氏是齊國的大夫，食邑在今山東臨朐縣柳山寨。管仲為齊相，而伯氏犯罪，所以管仲奪了他的采邑。這裏可見管仲之政雖猛而不失其仁。

在第三節引文裏，子路詢問孔子關於管仲之事。子路認為齊桓公殺公子糾之後，召忽自殺殉王，但管仲卻沒有這樣做，所以管仲未必是仁人。孔子所答不從小節着眼，他認為桓公當時多次召集各諸侯國盟會，不用武力，都是管仲的功勞。所以，管仲完全擔當得起「仁」的美名。

學生的質問在第四節引文再次出現，但這次的主角換上了子貢。子貢以管仲並非仁者，但孔子認為管仲輔佐桓

公，稱霸諸侯，匡正了天下，老百姓至今還享受到他的好處。如果沒有管仲，恐怕大家都要披散着頭髮，衣襟如胡人般向左開了。像管仲這種幹大事的人，怎麼能夠像普通百姓那樣恪守小節，自殺在小山溝裏而誰也不知道呢。在這節引文中，孔子明確指出管仲不應拘於小節，也正是子夏所說「大德不踰閑，小德出入可也」的道理。孔子稱讚管仲的仁德，是出於所成就的事功，合乎儒家的仁道原則。由是觀之，孔子是將匡扶天下之德與一己之道德分開來看的。管仲成就大事業的手段可能有問題，然而，其目的乃令天下百姓得以安居樂業，矢志不渝。管仲個人的德行並不完美，但仍能懷着偉大的理想，救助天下，此唯懷有大志者可為之，堪稱為「仁」。做人做事都學會變通是十分重要的，有些人終日堅持夢想，對此以外的事物全不感興趣，也因此無心經營，可是，人畢竟有實際生活的需要，在適當的時候要從夢中醒來，幹一些實際的活。夢想是我們奮鬥的目標，如果只活在夢想之中，夢想很快便會變成幻想，距離我們愈來愈遠。

關愛一切

儒家的仁愛由親及疏，擴而充之，從家人以至社會上
的陌生人。這種態度正是中國人的寫照，也反映了人
的私欲。

　　基督教強調博愛，墨家強調兼愛，儒家謂的是仁愛。
社會學家費孝通在《鄉土中國》提出了「差序格局」一詞。
用這個詞語來描述中國人的社會最適合不過。所謂「差序
格局」，指親疏遠近的人際格局，就像將石頭投向水面，然
後水面上逐漸泛開的漣漪一般，從中心延伸開去，一圈一
圈，漣漪慢慢散開，就像人際關係變得愈來愈疏。

　　儒家的仁愛論從自身出發，肯定了人的自私，層層
推出，由親及疏，符合人情。孟子批評墨子，關鍵處在於
墨家的兼愛論。兼愛的理想是偉大的，卻幾可肯定不可能
在人類社會實行。經濟學家史密夫（Adam Smith）分析
經濟活動時，指出人都是自私而貪婪的。撇開經濟活動不
談，說人是自私的，與儒家仁愛論的出發點頗為一致。當
然，由親及疏，是一個推進的過程，也是一個可以努力的
過程，總是令人充滿冀盼的。舉例而言，一個人最初關懷

自己身邊的人，如父母兄弟等，慢慢擴展至親族裏的其他
人，繼而及於四方友人，最終至於天下的人。人不可能在
出生一刻便已是博愛、兼愛的，愛是一個學習的過程，循
序漸進，從自身出發，至於萬物，儒家的仁愛實在合情合
理。孔子的學生有若曾説：

> 因不失其親，亦可宗也。（1.13）

當中指出依靠關係深的人，也就可靠了。誰是關係深的人
呢？當然是血濃於水的親人了。由親及疏便是這個意思。

友道精神

愛所有的人當然好，但首先要愛身邊的人。身邊的人
是哪些人呢？父母兄弟、親戚朋友皆是。前章提及的「家
庭和諧之道」，反映的便是「孝」（父子）、「悌」（兄弟）的關
係。友道精神在孔門儒家裏同樣重要。人生在世，誰都有
朋友，立身處世，更離不開朋友。

孔子對待朋友一倫的態度也很值得我們參考，可以此
作為在今日社會交友的一種指引。結交朋友，重在可以切
磋砥礪，進德修業，朋輩互有得益。假若我們要有仁德，
便得結交仁德之士，仁德之士若為鄰里，自然事半功倍。
孔子説：

> 里仁為美。擇不處仁，焉得知？（4.1）

居住在有仁德的地方，才是好的。如果選擇住在沒有仁德的地方，並不能算得上是明智。賈誼《新書・保傅》説：「習與正人居之，不能無正也，猶生長於楚，不能不楚言也。」正是發揮孔子的道理。跟好人住在一起，自然成為好人，我們的住處因而要向好人居住的地方靠攏。

有一次，子貢問孔子甚麼是仁，孔子答道：

> 工欲善其事，必先利其器。居是邦也，事其大夫之賢者，友其士之仁者。（15.10）

孔子認為仁者若要把事情做好，便應該先把自己的工具磨利；又説住在一國之內，就要侍奉國內大夫中的賢者，與士人中的仁者交朋友。孔子以此作比喻，説明實行仁德的方式，就是要侍奉賢者，結交仁者。與仁者結為友好，則我以他為目標，日漸遷善，乃至於仁。好朋友可以作為我們的楷模，如果自己的道德、行為有所缺失，父母兄弟也許規勸不了，這時候良朋益友便發揮了正面的作用。

另一方面，朋輩間亦可以互勉互勵，共渡難關。在一些青少年組織裏，工作人員看準了青少年會互相影響，便安排一些同病相憐的青少年一起輔導，久而久之，彼此自會產生一股早日遷善的動力。這也算得上是朋輩的正面影響。

益友與損友

人有好有壞，朋友也如是。孔子説：

> 益者三友，損者三友。友直，友諒，友多聞，益矣。友便辟，友善柔，友便佞，損矣。（16.4）

根據孔子的描述，益友有三類，損友也有三類。益友三類分別是正直的人、誠信的人和見聞廣博的人。損友三類則是慣走邪道的人、阿諛奉承的人、花言巧語的人。

簡單來説，益友都擁有良好的品德；損友都是於德有損的人。正直的朋友有甚麼好處呢？如果我行事稍有偏差，耽於逸樂，正直的朋友定必義正辭嚴，勸我正道直行，不走歪路。誠信的朋友呢，待人以誠，信守承諾，我若滿口謊言，胡言亂語，他必力斥我的過失。至於見聞廣博的朋友，見多識廣，學識豐富，滿腹經綸，必能開我眼界，廣我見聞，使我不為井底之蛙。反之，損友有害於我。慣走邪道的朋友，必教我走捷徑，好高騖遠，不循正途。阿諛奉承的朋友，只會拍馬屁，從不説出事實的真相，我被蒙在鼓裏，永遠不知問題所在。花言巧語的朋友，只講不做，將事情説得天花亂墜，與之相交，事情的輕重不可得知，是非也難以判斷。沒有人會看低朋輩的影響力，因此，擇友時不可不慎。

朋友有難，為友者自當相救，可是屢勸不改，甚或變本加厲，應該繼續勸阻，還是放任而行呢？子貢問孔子如

何待友，孔子說：

> 忠告而善道之，不可則止，毋自辱焉。（12.23）

對於朋友，應該忠誠地勸告他，恰當地引導他，如果不聽
也就罷了，不要自取其辱。匡正友人的惡行是有限度的，
再三勸導過了，便是克盡己任。有人曾經因為勸諫朋友不
要沉淪毒海，結果友人非但不聽，最後更死於毒品之手；
此人傷心不已，責備自己，以自己未有盡朋友的責任，也
選擇了自殘的路。其實，如果已盡責任，便不必怪責自
己，「毋自辱焉」。

愛天下萬民

愛親人，愛朋友，仁愛擴而充之，至於天下萬民。孔
子說：

> 汎愛眾，而親仁。（1.6）

我們要廣泛地去愛眾人，並且親近那些有仁德的人。
由是觀之，儒家的仁愛並非只愛身邊的人，只是要由親及
疏，循序漸進，乃至於愛天下萬民。《論語》裏記載了一次
顏回、子路、孔子各言其志之事：

> 顏淵季路侍。子曰：「盍各言爾志？」子路曰：
> 「願車馬衣輕裘與朋友共敝之而無憾。」顏淵曰：「願無

伐善，無施勞。」子路曰：「願聞子之志。」子曰：「老
者安之，朋友信之，少者懷之。」（5.26）

三人的志向各有不同。子路的志向是拿出自己的車馬、衣
服、皮袍，與朋友共同享用，即使用壞了也毫不抱怨。顏
回的志向是不誇耀自己的長處，不表白自己的功勞。至於
孔子，志向在於使老人家安樂，使朋友們信任，以及使年
輕人懷念。三人的志向各有不同，子路所言，見其豪邁奔
放的性格，當中重視承諾、講義氣的形象躍然紙上。顏回
之志，仍是一副謙卑謹慎，強調的是個人修養，與子路截
然不同。孔子的志向是偉大的，老者、朋友、少者已盡包
天下之人，可見孔子的普遍關懷已不局限己身，所愛的乃
是天下萬民。孔子也說：

　　　君子周急不繼富。（6.4）

君子是周濟急需救濟的人，而不是周濟富有的人。此等關
懷，也是遍於萬民。

　　我們不是聖人，沒有能力「濟天下之溺」，但只要略
盡綿力，也可以幫助許多全不相識的人。天災人禍無日
無之，安坐家中，看着電視的新聞報道，世界各地都有無
助的人，如斯情景，看見了豈能無動於衷？施比受更為有
福，幫助了有需要的人，心靈上所得到的富足是無法形容
的。

老者與少者

孔子説「老者安之」，是要令老人家老有所養，安居樂業。現今香港人口急劇老化，年齡中位數將會從 1996 年的 34 歲、2001 年的 36 歲、2006 年的 39 歲，到 2033 年上升至 49 歲。在 2008 年，香港人的平均壽命無論是男性或女性，都高踞全球第二位。香港女性平均壽命為 85.5 歲，男性是 79.4 歲。如果要令「老者安之」，香港政府關於老人、住屋、醫療等政策便要好好規劃，毋令老人家感到老來被社會大眾遺棄。

至於「少者懷之」，如果要令青少年心懷感恩，政府在制訂青少年政策時也要仔細研究。舉例而言，香港在 2010 年 4 月至 6 月的最新季度失業率為 4.6%，不過，15 至 24 歲青少年的失業率卻是 12.2%。政府在創造就業機會的時候，尤其應當考慮開設一些適合低學歷青少年的工種。再者，青少年精力充沛，想要宣洩精力或強身健體，體育運動設施便不可或缺。可是，香港不少地區的體育運動設施嚴重不足，以致青少年終日流連區內，無所事事。政府有必要考慮各區不同年齡人口的比例，從而興建相關設施，使資源運用得宜之外，也可以令市民安居樂業。

「朋友信之」指的是得到同輩的信任。要得到同輩朋友的信任，當然要進德修業，日益臻善，使人可信。只有真誠的人，才可以得到別人的信任。

保護環境

我們都在過度開發地球的資源，破壞環境，趕盡殺絕動植物棲身之所。生態平衡的系統就像因果報應一樣，我們令它失衡，將來受苦的也只是我們，以及我們的下一代。

愛親人，愛朋友，愛天下萬民，仁愛擴而充之，至於萬物，不論人類抑或其他動植物。現代人對環境的關注愈來愈密切，我們的生活也與周邊的一切息息相關，人的生存與環境是互動的，人是構成生態平衡的一部分。要維持生態平衡，便要善待身邊的一切事物。孔子說：

> 使民以時。（1.5）

其原意是指國家在役使老百姓時一定要在農閒時間。引而申之，「時」字尤其關鍵。孟子引申孔子所言，說：

> 不違農時，穀不可勝食也；數罟不入洿池，魚鱉不可勝食也；斧斤以時入山林，材木不可勝用也。穀與魚鱉不可勝食，材木不可勝用，是使民養生喪死無

憾也。養生喪死無憾，王道之始也。（1.3）

孟子發揮「時」的觀念，認為所有東西一定要取之有道，用之有時。孟子見梁惠王，認為國君倘欲富國利民，首先不要在農民耕種收穫的時節徵兵妨礙生產，那糧食便會吃不盡了；不要用細密的魚網捕魚，那魚類也會吃不完了；在一定的時間伐木，那木材也就用不盡了。這樣，老百姓對於生養死葬都沒有甚麼不滿，能夠做到這些，也就是王道的開始。孔子也認為：

釣而不綱，弋不射宿（7.27）

在釣魚時不用大繩橫斷流水以取魚，用箭射鳥之時，不會射殺歸巢的鳥。「釣」是用魚鉤釣魚的意思，「綱」是魚網上的大繩子。孔子「釣而不綱」，是說孔子用釣鉤來釣魚，而不用大網捕魚，原因是因為害怕將所有魚都撈光後，以後無魚可吃。此舉正是取物有節的表現。同理，孔子不射殺還巢之鳥，乃出於不忍之心，不失於仁義之道。

今天，我們都在過度開發地球的資源，破壞環境，趕盡殺絕動植物棲身之所。生態平衡的系統就像因果報應一樣，我們令它失衡，將來受苦的也是我們，以及我們的下一代。人口增加，開墾土地，原本綠化的地方逐漸變得光禿禿一片，令到不少地方出現沙漠化的惡果。山坡過度伐木，土壤鬆散，因而山泥傾瀉，甚至出現泥石流的情況。中國大陸每年都有大大小小的水災，從電視的畫面上，可

以看見成千上萬的災民無家可歸，造成人命及經濟的損失無法估計。可是，長江、黃河泛濫的罪魁禍首是甚麼呢？是人，不錯，為甚麼呢？在河流上游地區過度伐林，造成泥土鬆脫，湍急的水流把沙泥沖進河道之中，到了中下游河面較寬、水流較慢的地方時，上游的泥沙慢慢沉積下來，經過一段時間以後，河床高度逐漸提升，遇上暴雨，縮窄了的河道再也不能疏導湍急的河水，河道自然決堤，兩岸的老百姓只得倉皇逃命，流離失所了。

《禮記》裏有不少關於維繫生態平衡的記載，部分未知作者，部分出自孔門的弟子，但都是先民對於保護生態環境的描述。可供參考如下：

> 國君春田不圍澤，大夫不掩群，士不取麛卵。歲凶，年穀不登，君膳不祭肺，馬不食穀，馳道不除，祭事不縣，大夫不食粱，士飲酒不樂。

——《禮記·曲禮下》

> 天子不合圍，諸侯不掩群。天子殺則下大綏，諸侯殺則下小綏，大夫殺則止佐車，佐車止則百姓田獵。……草木零落，然後入山林。昆蟲未蟄，不以火田。不麛，不卵，不殺胎，不殀夭，不覆巢。

——《禮記·王制》

曾子曰：「樹木以時伐焉，禽獸以時殺焉。」

——《禮記·祭義》

五穀不時，果實未熟，不粥於市。木不中伐，不
粥於市。禽獸魚鱉不中殺，不粥於市。

——《禮記·王制》

在第一段引文裏，指出國君在春天打獵之時不合圍獵
場，大夫不殺盡群處的野獸，士不獲取幼獸和鳥卵。到了
遭遇水旱災害的年頭，年穀不收，這時國君用餐不殺牲，
餵馬不用穀物，馳道不加修治，祭祀不懸掛鐘磬以奏樂，
大夫不吃稻米飯，士飲酒不奏樂。由是觀之，面對大自
然，皆當有所保留，不當趕盡殺絕。幼獸和鳥卵倘皆殺
害，久而久之，物種便將絕矣，而生態系統亦隨之失衡。

第二段引文描述天子打獵不採取合圍的辦法，諸侯
不盡殺成群的野獸。天子殺死了獵物就把指揮用的小旗放
倒，大夫殺死了獵物就讓佐車停下。佐車停下之後，老百
姓就可以開始打獵了。草和樹葉零落，然後可以進山林砍
伐木材。昆蟲還沒有冬眠，不可放火燒雜草來肥田。不
捕殺幼獸，不取鳥卵，不殺懷孕的母獸，不殺稚獸，不傾
覆鳥巢。這段文字所描述的情況與首段相類，並反覆強調
「時」的重要性，若時機未到，不可伐木，不可火田。

在第三段引文裏，曾子指出樹木要按時節砍伐，禽獸

要按時節捕殺，同樣指出「時」為關鍵。

　　第四段引文指出糧食作物沒有長到時候、瓜果尚未成熟時不拿到市上去賣，未成材的樹木不拿到市上去賣，幼小的禽獸鳥鱉不拿到市上去賣。同樣是要維繫生態平衡。

　　我們今天吃的乳豬、乳鴿，倒是不用擔心，因為全屬人家飼養，並非野生物種，有些母豬更是全職培育豬苗，所以大家可以安心享用。可是，中國人愛吃的鯊魚（魚翅乃鯊魚鰭）、日本人愛吃的藍鰭吞拿魚，卻是深海罕有物種，且必屬野外成長，不能豢養，人們吃了，便是破壞了大自然食物鏈上層的一環，此後影響實在難以估計，但生態平衡的災難倒是可以預期。

　　儒家對於生態平衡的描述其來久遠，其初雖未必真為保護環境立說，可是時至今天，卻最可供現代人參考。

孔子不是聖人

我們看到後世不少有關孔子的畫像、雕塑，以至電視劇，孔子都是一個老頭兒，駝着背，長長的白色鬍鬚，板着臉做人，一副嚴肅模樣。我們似乎忘記了孔子是人，一個自己不覺得是聖人，而後世卻以「聖人」之名強加身上的平常人。

後世多尊稱孔子為「聖人」，然而，孔子既不以「聖」自居，何以被尊為「聖人」呢？孔子在甚麼時候被尊為聖人呢？在中國歷史上，孔子很有可能是最被人歪曲的人。

李零《去聖乃得真孔子》說：「歷史上的孔子有兩個，一個是《論語》中的，有血有肉，活生生；一個是孔廟中的，泥塑木胎，供人燒香磕頭。前者是真孔子，後者是假孔子。」（頁 144）李零這句話一點也沒錯，孔子被封聖，正是他所以變成泥塑木胎的原因。正如在《孟子·公孫丑上》裏，孔子已表明自己非聖，但是子貢卻硬把「學不厭」說成「智」，「教不倦」說成「仁」，「既仁且智」，孔子必定是聖人了。（3.2）這不是強迫孔子為聖嗎？再加上宰我、有若等弟子繼續樹聖，及至孟子之時，孔子已是天經地義的聖人。

到了西漢，漢儒認為孔子為漢制法，漢武帝採納了

董仲舒的意見，推行了儒表法裏的所謂儒家之道。自此以後，孔子成為了必然的聖人，儒家思想成為了唯一的權威。但無論孔子如何被後人扭曲，孔子其實未有任何改變。

有時候，我們的目光會被不少事物所蒙蔽，因而未能認清事實的真相。任何人或多或少都會聽過孔子的名字，但真正認識他的人又有多少呢？後世的人為孔子樹聖，無非看中了《論語》裏「君君，臣臣，父父，子子」（12.11）一語，試想想，如果人人都是「君君，臣臣，父父，子子」，各安其位，君主治國不是很安心嗎？中國古代長期處於封建帝制的局面，中央集權的皇帝總是希望擁有絕對的權威，若天下臣民都能遵從孔子此語，天下自必長治久安。在絕大多數地方都已廢除帝制的今天，有部分國家仍然強調以儒家治國。新加坡資政李光耀在他的《李光耀回憶錄》裏，記載了其嚴厲治國思想的根源所在。他指出基於其為華人的背景，是以懂得儒家規則秩序和道德要求。因此，新加坡在 1965 年獨立以後，政府便大力提倡以儒家倫理道德來治國。唯有明白「君君，臣臣，父父，子子」這種對絕對權威的訴求，才了解李光耀欲以「儒家治國」之原因。

在本書裏，我們從不同角度看過孔子的生活態度，把頭頂上的光環拿掉以後，孔子不過是一個平凡人，他是教育家、思想家、哲學家、政治家，在不同的身分裏發揮人性光輝的一面。孔子雖然是二千五百年前的古人，但仍然很值得我們跟他學習怎樣生活。

附錄

孔子的人生抉擇
在現代社會的意義

儒家是中國傳統最重要的思想學派,相信無人有異議。《論語》、《孔子家語》、《史記‧孔子世家》、《孔叢子》,以至其他先秦兩漢典籍,均見孔子的身影。我們留意的大多是孔子的學術主張,主要透過如《論語》裏無數次跟學生時人的對話所呈現出來。但不要忘記,儒家重視知行合一,所說所想如此,行為也必須能夠呼應。因此,孔子所言並非空話,而是在其人生中曾經貫徹執行。孔子的遭遇與應對,實際上是現代人行事的楷模。誠然,以孔子為行事目標乃是「高山仰止,景行行止」,看似有點遙不可及。但我們如果沒有向上追求的對象,人生的道路也不會有價值的提升。準此,孔子在他的人生裏的抉擇,自可為今人所借鑑。

1 富貴如浮雲

人生在世,面對錦衣肉食,多有追求。殷海光〈人生的意義〉說:「人則不同,吃東西要講禮貌,有不同的分殊,

不同的形式。就穿衣而論，我不相信任何一位小姐，本來
就像孔雀般美麗，而是藉各種物質的工具來補足其美。人
為了禦寒有棉、皮革、尼龍、奧龍、達克龍。這都是生物
文化層的東西。我們滿足人類之生物文化。但人類的生存
並非發展到此結束的。人是有『意識』的。這最關重要。」[1]
殷海光指出各種物質的滿足都只是生物文化的追尋，而人
是有意識的，應該往上提升。孔門儒家對於財富的追求，
如何追求，多有論述。

> 子曰：「富與貴，是人之所欲也；不以其道得之，
> 不處也。貧與賤，是人之所惡也；不以其道得之，不
> 去也。君子去仁，惡乎成名？君子無終食之間違仁，
> 造次必於是，顛沛必於是。」（4.5）

求財與求道，仿似是人生的抉擇，二元對立，只得取捨。
在《論語‧里仁》4.5 章裏，孔子指出發財（金錢）與顯貴（地
位）是人所盼望的；但以不正當的方法得到它，君子並不接
受。同理，窮困和下賤是人所厭惡的；但以不正當的方法
拋掉它，君子並不擺脫。當君子捨棄了仁德，便不可稱為
君子了。君子對仁德的追求是持之以恒的，君子沒有在一
頓飯的時間裏離開仁德，就算是倉卒匆忙、顛沛流離的時

1　詳參陳鼓應：《春蠶吐絲：殷海光最後的話語》。臺北：環宇出版社，1972 年。

候也一定與仁德同在。這裏的重點，可見孔子並非蔑視財富，只要財富是按正途而得的，則取之可也。

驟眼看來，孔門儒家似乎蔑視財富，只在追求精神境界上的滿足，其實不然。物質生活與精神生活，追求與捨棄看似是抉擇，我們生活在現代社會，財富自不可不求，否則難以生活，只要緊記「以其道得之」，合法合理，便求之而無害。

2 子見南子

孔子生於春秋時代禮崩樂壞的國度，一直以恢復周文為己任，希望可以重新建立社會秩序，更曾經周遊列國長達十四年，務求訪尋賢君以重用自己。

據孔子生平所見，他嘗多次抵衛，又因政見不合而多次離開。在公元前 497 年，孔子去魯適衛，事衛靈公。至前 496 年，孔子去衛西行，過匡被圍，經蒲返衛。在前 495 年，孔子見衛靈公，在衛國出仕三年，子見南子發生在這個時候。在前 488 年，孔子仕衛出公，凡四年。[2] 離開魯國，周遊列國十四年，孔子無時無刻不面對抉擇，《論語》

2　以上參考自錢穆《孔子傳》之「孔子年表」。參自《孔子傳》，頁 117-118。李零《喪家狗——我讀論語》(附錄) 亦嘗撰有「孔子年表」。將孔子周遊列國分成四段歷程，其中第一段為「去魯適衛，事衛靈公」，第二段為「去衛適陳，事陳湣公」，第三段為「去陳返衛，事衛出公」，第四段為「去衛返魯」。此中提及事衛靈公與衛出公的兩段時間，孔子皆在衛國。(頁 78-79)

和《史記・孔子世家》同樣記載了在衛國見靈公夫人南子的
一段：

> 子見南子，子路不説。夫子矢之曰：「予所否者，
> 天厭之！天厭之！」（6.28）

在此可見，孔子去與衛靈公夫人南子相見，子路並不高
興。孔子起誓，如果自己有不對的話，上天便會厭惡自
己。何晏《論語集解》云：「孔曰舊以南子者，衛靈公夫人，
淫亂，而靈公惑之。孔子見之者，欲因以説靈公使行治
道。矢，誓也。子路不説，故夫子誓之。行道既非婦人之
事，而弟子不説，與之呪誓，義可疑焉。」[3] 指出南子為人
淫亂，迷惑衛靈公，然而孔子在離開魯國以後，希望可以
在衛國出仕行道，故只能先見寡小君（靈公夫人南子）。邢昺
認為孔子委曲自己，求見南子，乃是「孔子屈己，求行治道
也」。[4] 對孔子而言，南子為人於德有缺，可是在衛出仕以
行道，乃是孔子拯救禮崩樂壞社會的希望。見之，則是現
在稍作屈曲，卻能伸延千萬；不見，則無行道的機會，距
離救世的抱負愈來愈遠。《史記・孔子世家》描寫此事更為
詳細，其中一句「不得已而見之」，六字而盡見孔子矛盾之

3　《論語注疏》，載《十三經注疏（整理本）》（北京：北京大學出版社，2000 年），
　　卷六，頁 90。

4　《論語注疏》，載《十三經注疏（整理本）》，卷六，頁 90。

心。子路為人剛勇而正直，遇事未能變通，因而對孔子見南子的行徑感到不悅。

每個人都會有自己行事的原則，有些是大原則，有些是小原則。大原則不可動搖，乃是我們為人的底線。小原則容或需要犧牲，尤其是在為大原則服務的情況下。不要只着眼於眼前的得失，要細心觀察，目光遠大，才能成就大事業。

3 亂臣召己

春秋是紛亂的時代，諸侯國分立，一方面是有志之士周遊列國爭取諸侯重用，一方面是各國諸侯延攬人材，欲使富強。如齊國重用管仲，使桓公九合諸侯，一匡天下，而不以兵車之力；晉文公在趙衰、狐偃、賈佗、先軫、魏武子、介之推等人的輔佐下，成為春秋五霸之一；秦穆公將原為奴隸的百里奚以五羖皮贖之，奉為上賓，加之以蹇叔、由余等的輔佐，終於稱霸西戎。

孔子希望訪尋賢君，加以輔佐，面對一次又一次的抉擇。另一方面，因為孔子的名聲，甚至連叛臣也希望召喚孔子加入自己的行列，以壯大聲勢。《論語》載有亂臣欲召孔子襄助之事，以及孔子的抉擇：

> 公山弗擾以費畔，召，子欲往。子路不說，曰：
> 「末之也，已，何必公山氏之之也？」子曰：「夫召我

者，而豈徒哉？如有用我者，吾其為東周乎？」（17.5）

公山弗擾原為魯國大夫季氏的家臣，但他卻圖謀在盤踞的費邑造反。公山弗擾叫孔子去，孔子準備去。對此，子路很不高興，認為沒有地方去便算了，為甚麼一定要去公山氏那裏呢？孔子解釋，指出那個叫自己去的人，並不會無故召我。假若有人能加以重用，將使周文王武王之道在東方復興。《史記・孔子世家》載有相類近的說話，卻不全然相同。

比讀二書，可見最大分別乃在於描寫孔子為何要為公山弗擾出山，以及孔子打算利用費地做些甚麼。對於《史記》裏「孔子循道彌久，溫溫無所試，莫能己用，曰：蓋周文武起豐鎬而王，今費雖小，儻庶幾乎」這段文字，司馬貞《史記索隱》云：「檢《家語》及孔子之書，並無此言，故桓譚亦以為誣也。」[5] 司馬貞指出《孔子家語》和其他與孔子相關的典籍，包括《論語》，都沒有相關的文字，故桓譚認為是誣衊孔子的說話。其實，有沒有《史記・孔子世家》的這段文字，亂臣召孔子之事在《論語》與《史記》相去不遠，孔子也是在面對一個抉擇。亂臣召己，如果可以在自己的輔佐下重回正軌，則孔子投奔公山弗擾也是救世。在後人看來，公山弗擾乃是亂臣賊子；在孔子看來，能夠得到救

5　司馬遷：《史記》（北京：中華書局，1982 年），卷四七，頁 1915。

世，並一展抱負的舞台，自是機不可失。

在這裏，我們看到的是孔子作為人的抉擇。或以為《史記‧孔子世家》將這個故事列在孔子的傳記之中，乃是誣聖之舉。其實，司馬遷只是在傳記裏反映了有血有肉的孔子，面對機會，是否把握，有無限的掙扎，最後是道德判斷戰勝了救世的願望，這就是孔子的抉擇。

即使眼前有着無限的機遇，是否合乎道德，依然是我們行事抉擇的標準。甚麼應該做，甚麼不應該做，看似涇渭分明，內心實有許多的交戰。但只要秉持着道德的原則，循乎道德而行，我們便能找到行事的方向。

4　隱士招攬

孔子生活在春秋時代，雖然希望恢復周文，拯救禮崩樂壞的社會，其志偉大，卻不容易成功。有人積極入世，自必有人選擇遺世獨立。《論語》裏出現了不少隱逸之士，代表了當時另一類人的想法，他們也曾多次勸勉孔子，認為孔子該走隱世之路。這又是另一種的抉擇。

> 長沮、桀溺耦而耕，孔子過之，使子路問津焉。長沮曰：「夫執輿者為誰？」子路曰：「為孔丘。」曰：「是魯孔丘與？」曰：「是也。」曰：「是知津矣。」問於桀溺。桀溺曰：「子為誰？」曰：「為仲由。」曰：「是魯孔丘之徒與？」對曰：「然。」曰：「滔滔者天下皆是

也，而誰以易之？且而與其從辟人之士也，豈若從辟
世之士哉？」耰而不輟。子路行以告。夫子憮然曰：
「鳥獸不可與同群，吾非斯人之徒與而誰與？天下有
道，丘不與易也。」(18.6)

《論語·微子》接連載錄了三段文字，孔子分別遇上了接
輿 (18.5)、長沮、桀溺 (18.6)、荷蓧丈人 (18.7) 等四位
隱逸之士，讓我們細看 18.6 的一段。在 18.6 裏，長沮、
桀溺兩人一同耕田，孔子在那兒經過，派遣子路去問渡口
在哪裏。長沮看見子路，便問他駕車的是誰。子路答之是
孔子。長沮復問是否魯國的孔子，子路答之為然。長沮
便說，那麼孔子早當知道渡口在哪兒了。這當然不是真正
的問路，而是比喻。世間無道，孔子知其不可而為之，注
定失敗告終。長沮認為孔子也是知道的，不必問別人，自
己的路他自己會走。然後，子路去問桀溺。桀溺問子路是
誰，子路回答自己是誰；然後，桀溺問子路是否孔子的學
生，子路答之為然。桀溺指出，像洪水一樣的壞東西到處
都是，孔門師弟子怎去改革它呢？桀溺認為子路與其跟着
孔子這種逃避壞人的人，為甚麼不跟着我們這些逃避整個
社會的人（隱士）呢？話說完了，長沮和桀溺仍舊不停地耕
田。子路回來報告給孔子。孔子感到非常失望，認為自己
不可以同飛禽走獸合群共處，如果不同人群打交道的話，
又應該同甚麼去打交道呢？如果天下太平，自己就不會與
弟子們一起來從事改革了。孔子在這裏說的「鳥獸不可與

同群」，實在發人深省。與鳥獸同群者即隱逸之士，人要積極入世，不當與鳥獸同群。天下紛紛，是仕是隱，皆是抉擇。孔子表示自己是天降大任而無畏懼之色，「天下有道，丘不與易也」，正是由於世間無道，孔門師弟子才要勉力為之，以解天下之倒懸。

隱居與入世，各有不同的選擇，隱士不能改變孔子的想法，孔子也難以勸說隱士重新入世。道不同便不相為謀，面對隱士，孔子在不同的章節皆表明自己的入世思想。

畢竟人是群居的動物，少數人可以離群獨處；然而面對問題，離開並非解決的方法。問題是用來解決的，難關是用來跨越的。孔子面對問題並不迴避，也不逃跑，而是積極地正視並嘗試解決，實在值得後人景仰。

5 歸魯教學

離開魯國十四年後，孔子重回魯國。孔子積極入世，一直希望在政壇上大展拳腳，匡扶時君，重新建立社會秩序。《史記‧孔子世家》云：「孔子之去魯凡十四歲而反乎魯。……然魯終不能用孔子，孔子亦不求仕。」[6]回到魯國的孔子，已經六十八歲了。垂垂老矣的孔子，已「不求仕」，難道是放棄了畢生的願望嗎？當然不是。「知其不可

---

6 《史記》，卷四七，頁 1935。

而為之」的孔子，絕不輕易言棄，只是他的救世轉換了另一條跑道——著書立說與教學。

　　這是另一種抉擇。孔子可以堅持在政壇上努力，但其影響力肯定不及著書立說與教學，此因二者流播更廣，可以綿延久遠。錢穆撰有「孔子年表」，在「魯哀公十一年」條云：「孔子年六十八歲。魯季康子召孔子，孔子反魯。自其去魯適衛，先後凡十四年而重反魯。此下乃開始其晚年期的教育生活，有若、曾參、言偃、卜商、顓孫師諸人皆先後從學。」[7]此五位皆屬孔子晚年的弟子，年紀與孔子相距甚遠。且以《論語》首篇〈學而〉為例，已可見有若與曾參在孔門的重要性，也可見孔子晚年教學的成功。《論語‧學而》共有十六章，其中第二章、第十二章、第十三章乃屬有若所言；第四章、第九章乃屬曾參所言。二人本為孔門小師弟，卻能在《論語》首篇佔有一定篇幅，也可證孔門教學的影響力。《論語》是語錄體典籍，全書章節的編排是否匠心獨運，言人人殊。但《論語》第一章言「學而時習之」，後世學者普遍以此為意義深刻的安排。錢穆《論語新解》於「學而時習之」條下云：「孔子一生重在教，孔子之教重在學。孔子之教人以學，重在學為人之道。本篇各章，多務本之義，乃學者之先務，故《論語》編者列之全書之首。又以本章列本篇之首，實有深義。學者循此為學，時時反驗之於

7　錢穆：《孔子傳》（臺北：東大圖書公司，1991 年），頁 118。

己心，可以自考其學之虛實淺深，而其進不能自已矣。」[8]
他認為孔子教之所重者為學。黃懷信云：「首章以『學』字
始，當有用心。」[9]同樣指出《論語》編者的有意安排。

輔佐教學的，首推教材的整理。孔子因此編纂六經，
以作教導後世學子的教科書，對後學影響深遠。在《史記·
孔子世家》載錄「然魯終不能用孔子，孔子亦不求仕」句後，
即接續之以整理六經的幾個段落。[10]其中敍寫了孔子整理六
經的具體情況。這可見孔子在離開政治舞台後，並沒有放
棄救世的想法，只是轉換為教育的方向。

孔子晚年將人生的重點放在教材整理與教學之上，並
不代表已經放棄了救世的決心。反之，一己之力有限，教
學可使自己的理念承傳下去。今天看來，孔子的抉擇是明
智而成功的。如果孔子堅持在回魯後只為魯國政壇努力，
大抵魯哀公、季康子等人亦未必能加以重用。孔子專注在
教學之上，作育英才，流芳千古，為萬世師表，至今仍得
傳誦。

做不了的事情，遙不可及的目標，我們便要放棄了
嗎？孔子教曉我們，成功不一定在當世，功在後世，自己
盡力貢獻，也是人生努力的一途。只要目標正確，向前踏

8　錢穆：《論語新解》（臺北：東大圖書公司，1991 年），頁 4。

9　黃懷信：《論語彙校集釋》（上海：上海古籍出版社，2008 年），前言，頁 14。

10　詳參《史記》，卷四七，頁 1935-1938。

步，即使路途遙遠，顛沛流離，願意嘗試便會有成功的可
能。

參考文獻

一、孔子生平

1. 司馬遷：《史記》。北京：中華書局，1982 年第 2 版。
2. 匡亞明：《孔子評傳》。南京：南京大學出版社，1990 年。
3. 江竹虛：《孔子事迹考》。上海：上海古籍出版社，2008 年。
4. 李長之：《孔子的故事》。香港：中華書局，2002 年。
5. 韋政通：《孔子》。臺北：東大圖書股份有限公司，1996 年。
6. 錢穆：《孔子傳》。臺北：東大圖書股份有限公司，1991 年再版。

二、《論語》介紹

1. 黃坤：《論語入門》。上海：上海古籍出版社，2006 年。
2. 蔡尚思：《論語導讀》。北京：中國國際廣播出版社，2008 年。
3. 錢基博：《四書解題及其讀法》。臺北：臺灣商務印書館，1996 年臺 2 版。
4. 錢穆：《孔子與論語》。臺北：聯經出版事業股份有限公司，1974 年。
5. 錢穆：《四書釋義》。臺北：蘭臺出版社，2000 年。

三、《論語》注釋及譯本

1. 《論語注疏》，載《十三經注疏（整理本）》。北京：北京大學出版社，2000 年。
2. D.C. Lau trans. *Analects*. Hong Kong: The Chinese University Press, 1992 second edition.

3. 伊藤維楨：《論語古義》。臺北：藝文印書館據日本東洋圖書刊行會文政己丑（1829）排印本影印，1966年。

4. 朱熹：《四書章句集注》。北京：中華書局，1983年。

5. 李零：《喪家狗——我讀論語》。太原：山西人民出版社，2007年。

6. 李澤厚：《論語今讀》。香港：天地圖書有限公司，1998年。

7. 金良年：《論語譯注》。上海：上海古籍出版社，1995年。

8. 皇侃：《論語集解義疏》。臺北：藝文印書館據《知不足齋叢書》本影印，1966年。

9. 荻生徂徠：《論語徵》。臺北：藝文印書館據日本東洋圖書刊行會文政己丑（1829）排印本影印，1966年。

10. 陳大齊：《論語臆解》。臺北：臺灣商務印書館，1996年第2版。

11. 程樹德：《論語集釋》。北京：中華書局，1990年。

12. 黃式三：《論語後案》。南京：鳳凰出版社，2008年。

13. 黃懷信：《論語彙校集釋》。上海：上海古籍出版社，2008年。

14. 楊伯峻：《論語譯注》。北京：中華書局，1980年第2版。

15. 劉寶楠：《論語正義》。北京：中華書局，1990年。

16. 潘重規：《論語今注》。臺北：里仁書局，2000年。

17. 錢遜：《論語讀本》。北京：中華書局，2007年。

18. 錢穆：《論語新解》。臺北：東大圖書股份有限公司，1991年第2版。

19. 簡朝亮：《論語集注補正述疏》。北京：北京圖書館出版社，2007年。

四、《論語》研究

1. 安作璋(編)：《論語辭典》。上海：上海古籍出版社，2004 年。

2. 朱華忠：《清代論語學》。成都：巴蜀書社，2008 年。

3. 吳廷環：《論語研究》。臺北：五南圖書出版公司，2001 年。

4. 宋鋼：《六朝論語學研究》。北京：中華書局，2007 年。

5. 李方：《敦煌論語集解校證》。南京：江蘇古籍出版社，1998 年。

6. 李零：《去聖乃得真孔子——論語縱橫讀》。香港：三聯書店，2008 年。

7. 松川健二(編)：《論語思想史》。臺北：萬卷樓圖書股份有限公司，2006 年。

8. 唐明貴：《論語學史》。北京：中國社會科學出版社，2009 年。

9. 徐剛：《孔子之道與論語其書》。北京：北京大學出版社，2009 年。

10. 張松輝、周曉露：《論語孟子疑義研究》。長沙：湖南大學出版社，2006 年。

11. 黃俊傑：《德川日本論語詮釋史論》。上海：上海古籍出版社，2008 年。

五、儒家思想

1. 任繼愈(編)：《中國哲學發展史》。北京：人民出版社，1985 年。

2. 胡適：《中國古代哲學史》。臺北：遠流出版公司，1986 年。

3. 徐復觀：《中國人性論史‧先秦篇》。臺北：臺灣商務印書館，1999 年。

4. 陳立夫：《儒家思想之時代精神》。臺北：中華民國孔孟學會，1996年。

5. 馮友蘭：《中國哲學史新編》。北京：人民出版社，1998年。

6. 蔡尚思：《中國傳統思想總批判》。上海：上海古籍出版社，2006年。

7. 羅安憲(編)：《中國孔學史》。北京：人民出版社，2008年。

8. 顧立雅（H. G. Creel）：《孔子與中國之道》。臺北：韋伯文化國際出版有限公司，2003年。

六、其他相關典籍

1. 王肅(注)：《孔子家語》。臺北：臺灣商務印書館據明覆宋刊本影印，1967年。

2. 河北省文物研究所定州漢墓竹簡整理小組編：《定州漢墓竹簡：論語》。北京：文物出版社，1997年。

3. 夏乃儒(編)：《孔子辭典》。上海：上海辭書出版社，2008年。

4. 孫星衍等輯、郭沂校補：《孔子集語校補》。濟南：齊魯書社，1998年。

5. 許維遹：《韓詩外傳集釋》。北京：中華書局，1980年。

6. 黃偉林：《孔子的魅力——重溫孔子聖迹圖》。香港：三聯書店，2008年。

7. 楊天宇：《禮記譯注》。上海：上海古籍出版社，1997年。

8. 楊伯峻：《孟子譯注》。北京：中華書局，2005年第2版。

9. 蔡仁厚：《孔門弟子志行考述》。臺北：臺灣商務印書館，1992年第2版。

責任編輯：羅國洪
封面設計：張錦良

孔子的生活智慧（增訂版）

作者：潘銘基

出　　版：匯智出版有限公司
　　　　　香港九龍尖沙咀赫德道2A首邦行8樓803室
　　　　　電話：2390 0605　　傳真：2142 3161
　　　　　網址：http://www.ip.com.hk

發　　行：聯合新零售(香港)有限公司
　　　　　香港新界荃灣德士古道220-248號荃灣工業中心16樓
　　　　　電話：2150 2100　　傳真：2407 3062

印　　刷：陽光(彩美)印刷有限公司

版　　次：2023年2月初版
　　　　　2023年8月第二版
　　　　　2024年7月第三版

國際書號：978-988-76156-8-2